불교와 철학의 만남

불교와 철학의 만남

－周易은 한민족(韓民族)의 예언서다－

조 철 현 지음

유한문화사

책을 펴내면서

필자가 주역(周易)을 오랜 시간 동안 연구하는 과정을 통하여 주역의 심오(深奧)한 이치에 대하여 경외심(敬畏心)을 가지게 되었으며, 이와 아울러 공부가 깊어져 갈수록 또 다른 한 가지의 의문이 머리 속에 싹트게 되었다. 그것이 어떤 의문이냐 하면, 바로 주역(周易)의 근원적(根源的)인 태생에 관한 것인데, 그 주역의 뿌리와 터전이 어디인가 하는 것이었다.

즉, 우리가 일반적으로 알고 있는 바로는 주역(周易)은 중국에서 발생한 동양철학(東洋哲學)의 근본 원리이며, 중국 것이라는 정도이다. 그럼에도 대한민국의 국기(國旗)가 주역의 괘상(卦象)으로 만들어져 있고, 주역의 괘상을 우리나라의 표상(表象)으로 사용하고 있는데도, 원래 소유주라는 중국은 이에 대하여 어떤 이의(異意)도 제기하지 않는가 하는 등의 여러 가지 의문을 갖게 됨으로써 주역(周易)의 뿌리를 찾아 나서게 된 것이다.

이러한 의문을 해소해 나가는 과정을 거치면서 필자는 엄청난 사실을 발견하게 되었다. 바로 주역의 주체(主體)는 우리 민족이며, 그 발견과 이론체계의 정립(定立)자도 우리 민족이었으며, 주역 속에 숨어 있는 여러 예언들은 바로 우리 민족에 관한 내용들이라는 것이다.

지금 중국이 대대적으로 벌이고 있는 동북공정의 진행과정에서 밝혀진 놀라운 사실들이 있는데도 중국은 이에 대하여 은폐하고 있는 부분이 많다. 한 예로서, 발해(渤海)의 유적지에서 발견된 수많은 피라미드 산들이 있는데, 놀랍게도 그 속에서 발견된 유산(遺產)들이 진시황(秦始皇)의 것이 아니라 그 보다 수천 년을 앞선 고구려(高句麗)의 유산인 것으로 밝혀지자, 그들은 지금 그 지역을 봉쇄하여 철저한 보안 속에 통제하고 있다. 그 유물들이 한민족(韓民族)의 것이기 때문에 먼저 한민족을 자기들의 소수 민족으로 흡수하여야 만이 그 유물에 대한 권리를 주장할 수 있기 때문이다. 그러기에 한민족을 자기들의 소수 민족으로 흡수하고자 호시탐탐 기회를 노리고 있는 것이다.

고구려의 유산인 피라미드 산들을 개발하기에 앞서 북한을 저들의 소수 민족으로 먼저 흡수하고 난 이후라야 발해의 수많은 피라미드 산들을 전 세계에 공개 할 수 있기에 중국은 지금 김정일의 정치적 기반이 무너지기를 기다리고 있는 실정이다. 필자가 주역(周易) 해설을 통하여 주역이 중국 것이 아닌 한민족 것이라는 자료들을 많이 밝혀 두었다. 주역이 우리 민족 것이라고 하는 것은 말도 안 되는 억척이라고 무시해 버리시지 말고, 필자가 제시해 놓은 많은 자료들을 꼼꼼히 챙겨 봐 주시길 바란다. 다시 말하면, 주역은 지금까지 알려진 바와 같이 점(占)이나 치는 하찮은 학문이 아니라, 세상의 삼라만상(森羅萬象)을 다 풀어 놓은 천서(天書)이며, 이 한민족(韓民族)의 예언서인 것이다.

우리는 지금 4대 강국들에 의하여 역사 왜곡을 당하고 있으며, 우리의 올바른 역사를 알지 못하고 있다. 그러나 주역(周易)에서는 밝히고 있다. 만물은 봄에 발아(發芽)하여 여름에 만화방창(萬化方暢)하고, 가을에 수렴(收斂)하고, 겨울이 끝나면 다시 원시 반본 함을, 그리고 우리 민족 1만년의 역사에 대하여 명확하게 밝혀 놓고 있다.

주역(周易)이 5600년 전에 우리 민족의 손에 의하여 만들어졌으며, 과거 동이족(東夷族)의 찬란했던 역사를 뒤로 한 채 이 좁은 한반도로 밀려나와 남북으로 분단되게 되는 것도 주역에서는 이미 다 밝혀 놓고 있다.

우리는 머지않아서 남북한 통일(統一)의 길을 열고 핵(核), 즉 씨앗에서 새 싹이 돋아나듯이 두 개의 떡잎같이 남북철도를 개통하여, 유라시아로 통한 두 가닥의 철길을 따라 전 세계로 한민족의 힘찬 기상을 싣고 뻗어 나갈 것이다.

2000년부터는 후천시대인데, 후천시대에는 한민족(韓民族)의 시대가 되며, 대 번영을 이루어 세계 중심 국가가 됨을 주역(周易)은 밝히고 있다.

戊子年 晩秋

철현 합장!

[참고자료]

— 고구려와 발해(渤海)는 우리의 역사라는 결정적인 자료 —

http://blog.empas.com/whcjfgrk/list.html?c=8372861

(중국 전 총리 주은래가 발해사를 인정한 동영상 자료)

여기에서 중국의 전 총리인 주은래는 발해와 함께 요하지역 송하강 일대 모두를 한민족 땅으로 인정하고 있다. 이와 같이 주역(周易)은 중국 것으로 되어 있으나, 주역이 중국의 동쪽 기름진 땅(이는 과거 한민족의 땅이었음)에서 5600년 전에 동이족(東夷族)인 복희에 의하여 만들어졌으며, 문왕(文王)을 거쳐 공자(孔子)에 의하여 완성되었는데, 이들은 모두 한결같이 동이족(한민족)이였다는 것이다.

http://tkwn.com.ne.kr/19.htm/freeboard/board.php?p_idboard=tkwn_3&p_work=detail&p_total=&p_no=9930&p_choice=&p_item=&p_page=1&title_show=html ← (동영상 특강)

(일제가 단군 신화설을 조작하다 외 치우천왕 환웅시대)

http://blog.naver.com/knightblack/12563712

(주역은 우리 민족 것이다. 자료 있는 곳)

중국 민족의 조상은 동이족(東夷族)이며, 3황 5제의 8대 임금도 동이족이었고, 태호와 복희도 동이족, 황제 백민도 동이족, 은나라의 시조도 동이족, 요임금 황제헌원의 5세손, 치우(천황)도 동이족 등등……. 동이족에 관한 역사의 증거들을 중국 서점에 널려 있는 저서들 속에서 모두 확인할 수 있다.

이 책을 권하며

철현 선생님은 동양철학을 17년 동안 연구하여 오면서 수많은 후학들을 양성하였고, 지금도 인터넷의 다음카페에 '와글와글 철현학회'를 개설하여 운영하면서 많은 지식들을 후학들에게 전수하고 계신다. 또한 '술술 읽다보면 통달하는 사주학'과 '사통오달 극비전'이라는 2권의 책을 이미 출판하셨고, 앞으로 계획된 10권 분량의 원고도 준비된 상태이다.

이렇듯 역(易)에 대하여는 더 이상 오를 수 없는 경지까지 다다르신 분인데, 더 깊은 깨달음을 얻으시고자 불교에 입문하신데 대하여서는 이해가 되지 않는 부분이었다. 그러나 이 책을 편찬하는 과정에서 원고를 보면서 선생님의 깊은 뜻을 조금은 이해할 것 같다. 이 책은 작지만 무한히 큰 것을 담은 책으로 많은 독자들의 일독을 권하는 바이다. 아울러 이 책을 통하여 앞으로 많은 독자들이 철현 선생님의 학문을 접할 수 있는 계기가 되기를 바란다.

앞으로 출간될 10여 권의 출판에 도움을 주실 분들이 계실지 몰라 선생님의 뜻과는 무관하게 본인이 선생님의 계좌를 올리는 바이니 후원하실 분들은 참여가 있으시길 부탁드린다.

* 계좌번호 : 농협 4885060-56-064133 (예금주; 조성화)

* 연락처 : 010-4569-4442 (철현 조성화)

* 카페주소 : http://cafe.daum.net/7tkwn

2008년 11월

書川 金範修

차 례

제1부 불교편

제2부 주역으로 본 한반도

제3부 사주편

제1부 불교편

1. 불교란 무엇인가?
2. 금강사에서 기도하는 보살님의 말씀
3. 동양철학적 논리
4. 108 참회문
5. 108 참회 기도의 효과
6. 부처님의 가피로 천사 탄생
6. 신묘장구 대다라니 천일기도

마음의 호수(湖水)

우주(宇宙)가 비치는 마음의 맑은 호수(湖水)에
전생(前生)의 업장(業障) 하나를 퐁당!

윤회(輪回)의 부드러운 소용돌이 돌고 돌며 풀려 나간다.

우주(宇宙)가 비치는 마음의 맑은 호수(湖水)에
이승에서 맺은 인연(因緣)의 끈을 풀어 퐁당!

저 푸른 하늘 속으로 빠져 들어 흔적이 없다.

우주(宇宙)가 비치는 마음의 맑은 호수(湖水)에
기쁨도 슬픔도 욕심도 모두 다 퐁당!

윤회(輪回)의 회오리 돌며 가라앉는다.

우주가 비치는 마음의 맑은 호수에
시간(時間)을 퐁당!

모든 이에 잠시 잠깐 빌린 나의 형체(形體)도
저 깊고 깊은 호수 속으로 사라지리라.

철현 합장!

1. 불교(佛敎)란 무엇인가?

네이버 지식 iN - "어느 님께서 불교 대하여 알고 싶습니다"라는 질문에 혹자 왈 "부처님께 삼배하고 스님과 좌담 좀 하면 됩니다. 눈에 스나미(잠) 옵니다"라는 답변이 있었다.

혹세무민한 필자가 이 자리를 통하여 위의 분과 같이 불교를 모르시든가 잘못 이해하고 계시는 분들의 입장에 맞는 눈높이로 불교가 무엇인지 좀 밝혀 드릴까 한다.

필자는 동양철학자로서 역(易)을 17년 동안 공부하면서 역의 뿌리를 찾는 과정을 통하여 동양철학의 근원을 찾고자 불교에 입문하여 수행 중이다.

먼저 불교가 무엇인가를 알기 위하여서는 동양철학적 논리부터 설명을 드려야 할 것 같다. 필자가 동양철학자라 하였는데, 易이란 음양(陰陽)을 말하며, 역학자(易學者)란 음양을 연구하는 자이며, 그 易의 근원은 음양이 된다 할 것이다.

사실 주역(周易)은 무극(無極)에서 시작하여 양효(兩爻)로, 사상(四象)으로, 팔괘(八卦)로, 더 나아가 64괘(卦)로 나뉘어져 있다. 따라서 동양철학은 무극에서부터 시작한다고 말씀드릴 수가 있겠다.

그러나 역학자(易學者)는 음양학자(陰陽學者)로서 음양에 관하여 연구하는 것이지, 무극(無極, 아무 것도 없는 텅 빈 공간)을 두고 연구하는 학문은 아니라 할 수 있다.

여기에 반하여…….

불교(佛敎)란 무엇인가?

동양철학적 논리로 논한다면 무극(無極)을 연구하고, 무극(無極)인 나를 찾는 수행을 하는 것이라 할 것이다.

이왕 말이 나온 김에 예수에 관하여서도 한 말씀드린다면, 석가모니가 보리수나무 밑에서 누구의 강요가 아닌 스스로 나를 찾아 수행하며 천수(天壽)를 누리고 성불(成佛)하신 반면에, 예수는 타의(他意)에 의하여 피를 흘리며 십자가에 못 박혀 죽음을 당하여 천수(天壽)를 다 하시지 못하였으며, '너로 인하여', '너를 위하여'라는 즉, '너와 나'라는 말하자면 음양(陰陽)이 바탕이 되는 것이고, 석가모니는 철현이 그토록 찾고자 한 무극(無極), 아(我)를 찾는 것이 된다.

예수는 너로 인하여 천수를 다 누리지 못한 관계상, 너와 나의 논리인 음양(陰陽), '너희들을 위하여 내가 십자가에 못 박혔다'하는 부분은 역시 동양철학과 같은 음양으로 출발하고 있는 것이다.

■ 불교의 예문

혜능선사에 관한 상세한 이야기는 네이버 지식 iN에서 읽어보시면 많은 자료가 나와 있으니 참고하시면 되겠고, 필자가 말하고자 하는 것은 신수스님은 동양철학적 논리로 음양론(陰陽論), 즉 이분법(二分法)적인 논리로 이야기했다. 혜능선사는 동양철학에서 말하는 무극(無極), 즉 이분법보다 한 단계 높은 진리를 말하였기에 홍

인대사는 혜능선사를 밤에 몰래 자기 방에 불러서 법을 전수하였다는 것으로서, 무극(無極)을 깨쳤다는 것을 인정하는 것이기에 필자는 신수스님과 혜능선사의 글 내용을 예문으로 삼은 것이다.

* 신수스님의 글

신시보리수(身是菩提樹)
심여명경대(心如明鏡臺)
시시근불식(時時勤拂拭)
물사약진애(勿使惹塵挨)

몸은 깨달음의 나무
마음은 밝은 거울
언제나 털고 닦아
먼지 묻지 않도록 하리.

* 혜능선사의 글

보리본무수(菩提本無樹)
명경역비대(明鏡亦非臺)
본래무일물(本來無一物)
하처약진애(何處惹塵挨)

깨달음에는 본래 나무가 없고
밝은 거울 또한 틀에 얽매이지 않는 것
본래 한 물건도 없거늘
어느 곳에 먼지가 끼리오.

2. 금강사에서 기도하는 보살님의 말씀

무언스님은 세상을 다 짊어진 듯 절을 한다며, 보살이 다섯 번 절할 때 무언스님은 한 번 한다고 하셨는데, 그때는 필자가 무언 수행중이라 말씀을 드리지 못하였기에 오늘 이 자리를 빌어서 이 세상을 다 짊어진 듯 절을 한 이유를 명확히 밝혀 드리고자 한다. 원효대사가 골수 한 그릇에 도를 얻었듯이, 필자는 명상과 기도를 함께 겸해서 하는 것으로, 명상을 밝히기 전에 먼저 서론(序論)으로서, 지난날 이야기와 도(道)에 대한 부분을 밝혀 두고자 한다.

필자는 부산 태생으로 어린 시절부터 태종대, 몰운대, 해운대와 인연이 깊다. 몰운대와 태종대는 물이 맑고 깨끗한 반면, 해운대는 물이 더러운 곳으로 각인되어 있었다.

왜냐하면 어린 시절, 부산 앞 바다는 아무 곳에서나 옷을 벗어 놓고 물 속에 뛰어들어 조개도 줍고, 고기도 잡으며 놀 수 있을 정도로 맑았는데 반하여, 해운대는 피서철이 지난 후에는 모래사장 여기저기에 피서객들이 버리고 간 쓰레기들이 널려 있고, 더러는 물 속에서 방뇨까지 한 기억이 있었으니 해운대 하면 '수많은 사람들이 목욕하는 곳'으로 인식되어 더럽게 생각되었다.

따라서 필자한테 '부산 해운대는 아주 더러운 곳이다'라고 인식되어 해운대하면 특별히 좋은 이미지가 없었다.

필자가 군생활을 할 당시에 앞서 제대한 고참이 해운대에 살았는데, 휴가 때에 꼭 다녀가라고 하기에 휴가기간 중에 지난날의 해운대를 연상하면서 해운대동에 살고 있는 옛 고참 전우를 만나러 갔었다.

고참 전우는 저녁 해질 무렵에 필자를 해운대 백사장 포장마차로 데리고 갔다. 그 고참 전우는 백사장을 휙 둘러보다가 "자네는 저기 저 백사장에 앉아 있는 처자를 데리고 와라, 나는 저기 앉아 있는 처자를 데리고 올테니, 야!~ 우리 머슴아 둘이서 무슨 맛으로 술을 마시노"하면서, 싫다는 나의 손목을 끌고 가서 백사장에 혼자 앉아 있는 처자 옆에 강제로 앉혀 놓고 자신은 다른 처자를 데리러 가는 것이었다.

사실 필자는 부끄러움을 많이 타는 성격으로 사춘기에 접어들면서부터는 앞에 처자가 가고 있으면 앞질러 가질 못하였고, 처자가 맞은편에서 마주보고 올 때는 얼굴이 벌개져서 고개를 숙이고 지나가는 정도였는데, 이렇듯 처자와는 부끄러워서 대화도 제대로 못해본 팔푼이 필자를 고참 전우가 강제로 처자 옆에 앉혀 놓고 가 버린 것이다.

너무 당황한 나머지 겨우 한다는 말이 기어 들어가는 목소리로 "앉아도 되겠습니까?"하니, 처자는 옆에 사람의 인기척이 느껴져 휙 돌아다보고는 아무런 반응도 없이 고개를 돌려버린다. 그렇지 않아도 부끄러워 미칠 지경인데, 아!~~ 이를 어쩌나 아무런 반응을 보이지 않는다고 일어나 버릴 수도 없고, 그냥 맹숭맹숭 앉아 있기도 그렇고, 아가씨에게 무슨 말을 해서 대화를 풀어가야 할지 아무런 생각도 나질 않고, 얼굴은 화끈거리고, 창피하고…….

너무 황당한 나머지 멍해지면서 완전히 혼이 나가 버린다고 할까!

완전 멍충이가 된 것처럼, 순간 본인 옆에 처자가 앉아 있다는 생각도 없어지고, 필자의 몸이 아주 작아지는가 싶더니 바닷가에서 성난 파도가 수십만, 수백만 대군의 말발굽처럼 밟아 버릴 듯이 몰려 들어오고 있지 않는가?

너무 당황한 나머지 순간적으로 아~ 아~ 공포의 소리를 지르며 눈을 감아 버렸다. 그런데 얼마나 지났을까. 태산같이 밀려오던 파도, 수십만의 말발굽은 사라지고 없는 것 같았다. 두려운 마음으로 살며시 눈을 뜰 때는 천지가 변해 있었다.

태산과 같았던 바닷물은 필자의 발 앞에서 밀려났고, 드넓은 백사장의 은모래는 산과 같이 밀려오던 파도를 다 삼켜버리고는 석양에 물들은 오색찬란한 물보라를 토해 내고 있지 않은가?

그리고 오색 무지개와 아름다운 석양, 평화롭게 흘러가는 구름, 동백섬에 자연스럽게 자란 소나무들, 백사장을 기어가는 작은 게, 여기저기 흩어져 있는 조개껍질, 지평선 너머로 지나가는 성냥개비 같은 배가 연기를 뿜어내고, 짭짤한 소금 내음에 멀리서 전해오는 솔가지 냄새, 붉게 물든 둥근 태양빛이 바닷물을 가로질러 이 팔푼이 얼굴을 비춰 주고……. 아~ ~ 천국, 천국이 따로 있는 것이 아니고 바로 여기가 천국이다.

감격~ 감격 또 감탄~ 감탄!!

팔푼이 필자가 이 순간! 이 감정을 누군가에 마구 말하고 싶어져서 옆을 획 돌아보니 처자가 지평선을 바라다보고 있다. 처자가 쳐다보지 않아도 좋고, 관심 있게 들어 주지 않아도 좋았다.

그냥 정신 나간 사람처럼 혼자서 신바람 나서 한참을 물보라가 어떻고, 백사장이 어떻고, 동백섬이 어떻고, 석양이 어떻고, 주절주절 정신없이 아니 사실 무슨 말을 어떻게 하고, 얼마나 하였는지 모를 정도였는데, 그 무표정하던 아가씨가 환히 웃으며 그 친구를 만나러 가자고 하질 않는가?

우!~ 하하하 하하하 ^^ 이런 팔푼이가 처자를 다 꼬득이다니…

철현이 지난날 해운대에 대한 감정으로 시작하여 오늘에 이 자리에 앉게 된 동기를 이야기했다. 여기에는 팔푼이가 처자를 꼬드긴 재미난 이야기를 하고자 하는 것이 아니라, 도(道)! 마음먹기에 따라 '이 세상에서 제일 아름다운 곳이 아주 더러운 곳일 수도 있다'라는 동양철학적인 이야기를 하고자 하는 것이다.

■ 또 하나의 이야기 첨

* 혜능선사왈

"깨달음에는 본래 나무가 없고 밝은 거울 또한 틀에 얽매이지 않는 것, 본래 한 물건도 없거늘 어느 곳에 먼지가 끼리오"의 무상(無想) 무아(無我), 텅 빈 우주공간.

* 공자왈

"近取諸身 遠取諸物"
(근취제신 원취제물)

"진리를 구할 때, 가깝게는 자신의 몸 안에서 구하고, 멀리는 사물과 우주현상에서 구하라"는 뜻이다.

등잔 밑이 어둡다는 말과 같이 필자는 17년간 동양철학을 연구해오면서도 공자의 "근취제신 원취제물(近取諸身 遠取諸物)"의 의미를 이해하지 못하다가, 머리를 깎고 스님이 된 오늘에야 비로소 그 의미를 깨닫게 되었다.

"공자님, 필자 三拜 올립니다." 합장!

* '부분이 전체의 패턴을 반복한다'라는 프랙탈!

대우주는 윤회(輪回)를 하고 있는데, 눈으로 확인할 수 있는 윤회의 표본(標本)이라면 바로 태풍(颱風)이다. 태풍은 은하계의 작은 축소판으로서 사람의 눈으로 윤회의 모습을 확인시켜 주는 것이다.

지구에서 오대양(五大洋) 육대주(六大洲)로 물과 모든 기(氣)가 순환하듯이, 우리의 인체도 오장육부로 피와 모든 기가 순환하는데, 이 역시 태풍과 같은 윤회(輪回)의 작용이라 할 것이다.

* 보살님에 대한 답변

필자는 절과 명상(冥想)을 겸하여 하면서, 엎드릴 때에는 해운대의 시원한 파도 속에 몸을 던지듯 하고, 귀의하는 순간에는 백사장의 금빛 물보라의 아름다움과 오색찬란한 무지개 빛의 수많은 연상 속에 짭짤한 소금 냄새와 소나무 냄새를 맡고, 몸을 일으킬 때는 천천히 태풍의 중앙인 무극(無極) 속을 뚫고 비상하면서 무한대(無限

大)의 대우주 공간으로 나아가듯이 하는데, 이는 또한 나의 마음이 부처님과 마주할 때 황금빛 부처님의 금빛 찬란한 기를 받으며 무한대의 공간에 있는 이글거리는 태양에 몸을 맡기고, 부처님께 고개 숙여 귀의 할 때는 머리 정수리로 부처님의 가피를 받고자 함이며, 더워진 몸을 천천히 내리면서 다시 태풍의 중심을 지나 시원한 바닷물에 몸을 적시는 수행을 하고 있었던 것인데, 그 보살님은 필자가 온 세상을 다 짊어진 듯이 힘들게 절하는 것으로 본 것이라 할 것이다.

3. 동양철학적 논리

이 세상은 무한대(無限大)이며, 百은 없다. 똑같은 것은 없다. 윤회(輪回)하며, 적자생존에 의한 약육강식의 법칙이 존재한다. 인간은 최강자의 위치에 있으며, 최강자인 인간의 세계도 삼각구도의 피라미드형으로 이루어져 있으며, 최상위 30%가 전체 인간을 지배하고 있다.

이 세상의 최정상은 모두 0.3%라는 것으로서, 0.3%의 작은 법칙의 이치에는 올림픽에서 우승자 1, 2, 3등까지 상(賞)을 주는 것과 같은 것이라 이해하면 될 것 같다.

우주는 텅 빈 그 속에 꽉 찬 것으로, 부처의 길, 성불(成佛)의 길에도 동양철학적 논리로 본다면 0.3%에 해당하는 그 누군가만이 성불할 수밖에 없도록 되어 있을 것이다.

필자는 동양철학자로서 17년 동안 동양철학인 역(易)의 뿌리를 찾아 헤매다가 불교에 입문하여 머리를 깎고 스님의 길로 들어와서야 그렇게 찾고자 하던 역의 뿌리를 찾게 되니 한없이 기쁘다.

그러므로 필자는 스님으로서 성불(成佛)하고자 하는 마음은 내려놓기로 하였다. 필자는 이미 얻고자 하는 것을 이미 얻은 상태며, 혹세무민한 소승이 0.3%에 해당하는 성불할 그릇도 못될 뿐 아니라, 여기서 더 욕심을 낸다는 것은 과욕이고, 0.3%의 성불은 다른 분들의 몫이라 본다.

심장(心臟)으로부터 오장육부(五臟六腑)로 붉은 피가 윤회하는 것과 부처님의 말씀과 태풍과 은하계가 돌아가는 윤회의 법칙같이, 후세(後世)에 다시 태어날 때 동양철학자나 탁발승으로 온다 하더라도, 필자는 업(業)의 굴레를 벗어나고자 성불하려는 욕심을 내지 않을 것이다.

철현 합장!

4. 108 참회문

(1) 지극한 마음으로 부처님께 귀의합니다.

(2) 지극한 마음으로 부처님 법에 귀의합니다.

(3) 지극한 마음으로 승가에 귀의합니다.

(4) 나는 어디서 왔는가 어디로 갈 것인가를 생각하지 않고 살아온 죄를 참회하며 절합니다.

(5) 나는 누구인가 참 나는 어디 있는가를 망각한 채 살아온 죄를 참회하며 절합니다.

(6) 나의 몸을 소중하게 여기지 않고 살아온 죄를 참회하며 절합니다.

(7) 나의 진실한 마음을 저버리고 살아온 죄를 참회하며 절합니다.

(8) 조상님의 은혜를 잊고 살아온 죄를 참회하며 절합니다.

(9) 부모님께 감사하는 마음을 잊고 살아온 죄를 참회하며 절합니다.

(10) 일가친척들의 공덕을 잊고 살아온 죄를 참회하며 절합니다.

(11) 배울 수 있게 해 준 세상의 모든 인연들을 잊고 살아온 죄를 참회하며 절합니다.

(12) 먹을 수 있게 해준 모든 인연들을 잊고 살아온 죄를 참회하며 절합니다.

(13) 입을 수 있게 해 준 모든 인연 공덕을 잊고 살아온 죄를 참회하며 절합니다.

(14) 이 세상 이 곳에 머물 수 있게 해 준 모든 인연들의 귀중함을 잊고 살아온 죄를 참회하며 절합니다.

(15) 내 이웃과 주위에 있는 모든 인연들의 감사함을 잊고 살아온 죄를 참회하며 절합니다.

(16) 내가 저지른 모든 죄를 망각한 채 살아온 어리석음을 참회하며 절합니다.

(17) 전생 금생 내생의 업보를 소멸하기 위해 지극한 마음으로 참회하며 절합니다.

(18) 성냄으로 인해 악연이 된 인연들에게 참회하며 절합니다.

(19) 모진 말로 인해 악연이 된 인연들에게 참회하며 절합니다.

(20) 교만함으로 인해 악연이 된 인연들에게 참회하며 절합니다.

(21) 탐욕으로 인해 악연이 된 인연들에게 참회하며 절합니다.

(22) 시기심으로 인해 악연이 된 인연들에게 참회하며 절합니다.

(23) 분노심으로 인해 악연이 된 인연들에게 참회하며 절합니다.

(24) 인색함으로 인해 악연이 된 인연들에게 참회하며 절합니다.

(25) 원망하는 마음으로 인해 악연이 된 인연들에게 참회하며 절합니다.

(26) 이간질로 인해 악연이 된 인연들에게 참회하며 절합니다.

(27) 비방함으로 인해 악연이 된 인연들에게 참회하며 절합니다.

(28) 무시함으로 인해 악연이 된 인연들에게 참회하며 절합니다.

(29) 비겁한 생각과 말과 생동을 참회하며 절합니다.

(30) 거짓말과 갖가지 위선을 참회하며 절합니다.

(31) 남의 것을 훔치는 생각과 행동을 참회하며 절합니다.

(32) 한갓 취미나 즐거움으로 다른 생명을 희생시키는 일을 참회하며 절합니다.

(33) 오직 나만을 생각하는 것을 참회하며 절합니다.

(34) 악연의 씨가 되는 어리석은 생각을 참회하며 절합니다.

(35) 어리석은 말로 상대방이 잘못되는 악연을 참회하며 절합니다

(36) 어리석은 행동으로 악연이 될 수 있는 인연에게 참회합니다.

(37) 집착하는 마음과 말과 행동을 참회합니다.

(38) 내 눈으로 본 것만 옳다고 생각한 어리석음을 참회하며 절합니다.

(39) 내 귀로들은 것만 옳다고 생각한 어리석음을 참회하며 절합니다.

(40) 내 코로 맡은 냄새만 옳다고 생각한 어리석음을 참회하며 절합니다.

(41) 내 입으로 맛본 것만 옳다고 생각한 어리석음을 참회하며 절합니다.

(42) 내 몸으로 받은 느낌만 옳다고 생각한 어리석음을 참회하며 절합니다.

(43) 내 생각만 옳다는 어리석음을 참회하며 절합니다.

(44) 삼생의 모든 인연들을 위해 지극한 마음으로 참회하며 절합니다.

(45) 내가 살고 있는 지구를 생각하지 않은 것을 참회하며 절합니다.

(46) 세상의 공기를 더럽히며 살아온 어리석음을 참회하며 절합니다.

(47) 세상의 물을 더럽히며 살아온 어리석음을 참회하며 절합니다.

(48) 나만을 생각하여 하늘과 땅을 더럽히며 살아온 어리석음을 참회하며 절합니다.

(49) 나만을 생각하여 산과 바다를 더럽히며 살아온 어리석음을 참회하며 절합니다.

(50) 나만을 생각하여 꽃과 나무를 함부로 자르는 어리석음을 참회하며 절합니다.

(51) 이 세상을 많고 적음으로 분별하며 살아온 죄를 참회하며 절합니다.

(52) 이 세상을 높고 낮음으로 분별하며 살아온 죄를 참회하며 절합니다.

(53) 이 세상을 좋고 나쁨으로 분별하며 살아온 죄를 참회하며 절합니다.

(54) 이 세상을 옳고 그름으로 분별하며 살아온 죄를 참회하며 절합니다.

(55) 병든 사람에 대한 자비심의 부족함을 참회하며 절합니다.

(56) 슬픈 사람에 대한 자비심의 부족함을 참회하며 절합니다.

(57) 가난한 사람에 대한 자비심의 부족함을 참회하며 절합니다.

(58) 고집스러운 사람에 대한 자비심의 부족함을 참회하며 절합니다.

(59) 외로운 사람에 대한 자비심의 부족함을 참회하며 절합니다.

(60) 죄를 지은 사람에 대한 자비심의 부족함을 참회하며 절합니다.

■ 감 사

(61) 부처님께 귀하게 되어 감사한 마음으로 절합니다.

(62) 부처님의 법에 귀의하게 되어 감사한 마음으로 절합니다.

(63) 승가에 귀의하게 되어 감사 한 마음으로 절합니다.

(64) 모든 생명은 하나로 연결되어 있다는 것을 알게 되어 감사한 마음으로 절합니다.

(65) 모든 생명은 소통과 교감이 이루어진다는 알게 되어 감사한 마음으로 절합니다.

(66) 모든 생명은 우주의 이치 속에서 살아간다는 것을 알게 되어 감사한 마음으로 절합니다.

(67) 나와 남이 하나임을 알게 되어 감사한 마음으로 절합니다.

(68) 세상의 아름다움을 알게 되어 감사한 마음으로 절합니다.

(69) 생명들의 신비로움을 알게 되어 감사한 마음으로 절합니다.

(70) 새소리의 맑음을 알게 되어 감사한 마음으로 절합니다.

(71) 바람 소리의 평화로움을 알게 되어 감사한 마음으로 절합니다.

(72) 시냇물 소리의 시원함을 알게 되어 감사한 마음으로 절합니다.

(73) 새싹들의 강인함을 알게 되어 감사한 마음으로 절합니다.

(74) 무지개의 황홀함을 알게 되어 감사한 마음으로 절합니다.

(75) 자연에 순응하면 몸과 마음이 편안하다는 것을 알게 되어 감사한 마음으로 절합니다.

(76) 자연이 생명 순환의 법칙이 라는 것을 알게 되어 감사한 마음으로 절합니다.

(77) 자연이 우리들의 스승이라는 것을 알게 되어 감사한 마음으로 절합니다.

(78) 가장 큰 축복이 자비심이라는 것을 알게 되어 감사한 마음으로 절합니다.

(79) 가장 큰 재앙이 미움 원망이라는 것을 알게 되어 감사한 마음으로 절합니다.

(80) 가장 큰 힘이 사랑이라는 것을 알게 되어 감사한 마음으로 절합니다.

■ 발 원

(81) 항상 부처님의 품안에서 살기를 발원하며 절합니다.

(82) 항상 부처님의 법 속에서 살기를 발원하며 절합니다.

(83) 항상 스님의 가르침을 따르기를 발원하며 절합니다.

(84) 부처님 저는 욕심을 내지 않기를 발원하며 절합니다.

(85) 부처님 저는 화내지 않기를 발원하며 절합니다.

(86) 부처님 저는 교만하지 않기를 발원하며 절합니다.

(87) 부처님 저는 시기하지 않기를 발원하며 절합니다.

(88) 부처님 저는 모진 말을 하지 않기를 발원하며 절합니다.

(89) 부처님 저는 거짓말하지 않기를 발원하며 절합니다.

(90) 부처님 저는 남을 비방하지 않기를 발원하며 절합니다.

(91) 부처님 저는 남을 무시하지 않기를 발원하며 절합니다.

(92) 부처님 저는 남을 원망하지 않기를 발원하며 절합니다.

(93) 부처님 저는 매사에 겸손하기를 발원하며 절합니다.

(94) 부처님 저는 매사에 최선을 다하기를 발원하며 절합니다.

(95) 부처님 저는 매사에 정직하기를 발원하며 절합니다.

(96) 부처님 저는 매사에 긍정적이기를 발원하며 절합니다.

(97) 부처님 저는 자비로운 마음으로 살기를 발원하며 절합니다.

(98) 부처님 저는 맑고 밝은 마음을 가지도록 발원하며 절합니다.

(99) 부처님 저는 모든 생명이 평화롭기를 발원하며 절합니다.

(100) 부처님 저는 이 세상에 전쟁이 없기를 발원하며 절합니다.

(101) 부처님 저는 이 세상에 가난이 없기를 발원하며 절합니다.

(102) 부처님 저는 이 세상에 질병이 없기를 발원하며 절합니다.

(103) 부처님 저는 보살 행을 실천하며 살아가기를 발원하며 절합니다.

(104) 부처님 저는 반야지혜가 자라기를 발원하며 절합니다.

(105) 부처님 저는 수행하는 마음이 물러나지 않기를 발원하며 절합니다.

(106) 부처님 저는 선지식을 만날 수 있기를 발언하며 절합니다.

(107) 부처님 저는 이 세상에 부처님이 오시기를 발원하며 절합니다.

(108) 부처님 오늘 지은 이 인연 아낌없이 시방법계에 회향하며 절합니다.

대자대비하신 부처님이시여 거듭 참회하고 발원하옵니다. 저의 어두운 마음에 보리의 종자가 심어져 참된 불성이 나타날 수 있도록 자비심으로 거두어 주소서. 시방삼세 제불보살님과 역대 선지식들께 진심으로 바라오니 저의 참된 발원 물러나지 않도록 지켜 주시옵소서.

나무 석가모니불
나무 석가모니불
나무시아본사 석가모니불

5. 108 참회 기도의 효과

먼저 108 참회 기도를 아침저녁으로 3개월만 하시면 다이어트로 적격이다. 몸무게 7 kg의 감량 정도는 가볍게 이룰 수 있다. 못 믿으시는 분은 필자의 말을 믿고 저서 속에 있는 108 참회문을 복사하여 벽에 붙여 놓고 임상 차원에서 한 번 해 보시기 바란다.

정신이나 공기를 맑게 하기 위하여 촛불이나 향을 피워도 좋다.

6. 부처님의 가피로 천사 탄생

이렇게 3개월을 아침저녁으로 108 참회 절을 하시게 되면 자신도 모르게 천사가 된다. 만약 부인이 천사이면 남편은 얼마나 행복할까요. 남편이 천사이면 부인이 얼마나 행복할까요. 어머니가 천사면 자녀들은 또 얼마나 행복할까요. 이렇게 주위의 많은 분들이 108 참회의 절을 하여 천사가 된다면 우리 주위 모든 님들이 얼마나 행복해질까요.

7. 신묘장구 대다라니 천일기도

(기도기간 : 2008년 7월 3일 입재~
2011년 3월 29일 회향)

신묘장구 대다라니 천일 십만팔천독 기도 정진중
천안시 성환읍 성월리 산 180~4 금강사
041-581-3331

주지 현공 합장!

제2부 주역으로 본 한반도

1. 북한은 핵을 포기할 것인가?
2. 황우석 박사와 공자
3. 남북통일은 될 것인가?
4. 2009년 경기는 좋아질 것인가? 또한 2010년 경기는 어떠할 것인가?
5. 황우석 박사와 불교계
6. 우리나라 애국가 속의 비밀
7. 명리학의 뿌리는 주역에 있다(64괘와 60갑자의 비밀)
8. 고구려와 발해가 우리의 역사라는 결정적 자료
9. 주역은 동이족(한민족) 예언서이다!
10. 중국의 동북공정이란?
11. 주역은 우리 민족 것이다

1. 북한은 핵(核)을 포기할 것인가?

북한(北韓)이 핵(核)을 포기 할 것인가 안 할 것인가를 알아보려면, 먼저 남한(南韓)이 핵(核)을 포기할 것인가 안 할 것인가를 알아보면 아주 간단하게 그 해답을 찾을 수 있을 것이기에, 남한의 핵에 대해 먼저 알아보고자 한다.

북한에 핵이 있다는 것은 믿을 수 있으나 남한에 핵이 있다는 이야기를 들어본 적이 없는데 무슨 말도 안 되는 논리를 펴려는가 하시겠지만, 분명히 남한에도 핵이 있다.

핵(核)에도 사용 불가능한 핵과 사용 가능한 핵이 있는 것으로, 사용 불가능한 핵은 원자탄과 같은 살생(殺生) 무기가 될 것이며, 사용 가능한 핵은 전기를 만드는 원자력(原子力) 발전 같은 것이 될 것이다.

이제 필자가 남한의 핵을 거론하였으니 남한의 핵에 대하여 한번 알아보자.

■ 복희팔괘는 선천(先天), 문왕팔괘는 후천(後天)

■ 복희팔괘에서

1乾天, 2兌澤, 3離火, 4震雷, 5巽風, 6坎水, 7艮山, 8坤地

■ 복희팔괘도 순환도

1234까지 양(陽)의 기운(氣運)으로 돌아가다가, 5678로 음(陰)이 동(動)하여 가는데, 1234에는 종교가 성(盛)하게 되고, 주역(周易)은 양(陽)이 강한 시대에 만들어졌기에 종교에 비하여 빛을 발하지 못하게 되며, 4를 지나서 5678로 넘어가는 과정에서 中央 5土를 거쳐 지나가므로, 주역은 중국에서 완성되어 시간이 흐른 후에 간방(艮方)에서 만들어져서 간직된다(艮方은 戌土, 華蓋 씨앗, 열매를 의미함).

〔복희팔괘도〕

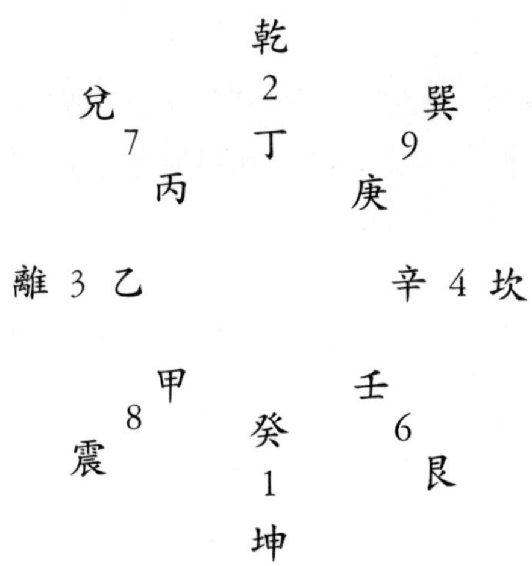

〔 문왕팔괘도 〕

離
巽 4 9 2 坤
震 3 5土10 7 兌
艮 8 1 6 乾
坎

• 6壬水 → 1溪水 → 8甲木 → 3乙木 → 4丙火 → 9丁火 → 2庚金 → 7辛金 → 즉, 다시 말하여 4계절별로 돌아가면서 2.7火와 4.9金이 金火交易이다.

〔 해설 〕

진위뇌(震爲雷)

■ 진위뇌(震爲雷)

위도 천둥 우레(雷)이고, 아래도 천둥 우레(雷)로서, 뇌(雷)는 천둥과 우레(雷는 몹시 두려워하다. 사나운 모양이며, 위엄을 떨치다를 뜻한다)로서, 우레가 크게 진동하니 많은 사람들이 놀라 두려워한다.

- 주역으로 세상을 비춰 볼 때 빼놓을 수 없는 것으로……. 이 세상에 百은 없다. 똑같은 것이 없다. 무한대, 절대 절명, 윤회, 약육강식에 의한 적자생존, 유전자, 음양오행
- 세계를 지배하는 세 가지의 무기화(금융의 무기화, 식량의 무기화, 살생무기의 무기화)

유태민족과 한민족(韓民族)만이 이 지구상에서 유일하게 예언서를 가지고 있는 민족이다. 유태민족은 성경(聖經)이라는 예언서를 가졌고, 우리민족은 주역(周易)이라는 예언서를 가졌다.

유태민족은 나라를 잃었고, 우리민족은 혼을 잃었다.

유태민족이 선천(先天)을 주도한다면, 한민족은 후천(後天)을 주도한다(음양의 법칙).

이제 우주의 일년인 129600년 중에 2000년대는 우주의 가을철로서 후천(後天) 시대가 되니, 주역의 예언대로 이제부터 우리 민족의 혼(魂)과 의식(意識)을 되찾아 지금까지 유태민족이 누려왔던 그런 영광을 우리가 누릴 때가 되었다.

■ 분서갱유(焚書坑儒)와 사구평대(沙丘平臺)

'한위제총연조'라는 六國을 통일한 진시황은 만리장성을 쌓고, 아방궁을 짓는 등 큰 공사를 많이 하였다. 진시황의 무병장수를 위해 서시(徐市)라는 사람한테 동남동녀(童男童女, 장가 시집가지 않은 처녀 총각) 500명을 딸려 보내면서 "저 동쪽에 삼신산이라는 산이 있는데 거기에 불사약(不死藥)이 있으니 그것을 가져오라"했으며, 대대손손 그 제위(帝位)를 보위하고 부귀영화를 누리고 싶어 했다.

그래서 사람이 배우고 똑똑하면 대들게 되고, 내 것을 빼앗으려 할 터이니, 사람들이 배우지 못하도록 하고자 책들을 모두 불태워 없애버린다. 그리고 "선비를 그대로 두면 책이 나올 것이다"라는 생각에 선비를 모두 생매장시켜 죽여 버렸다.

그리고 "공자의 사당을 그냥 놔두면 한동안은 잠잠할지라도 다시 또 선비가 나오고, 책이 나올 것이다"해서 공자의 사당도 허물고, 위패를 불태우려 했다.

그러나 사당 안에서

＊ 공자왈

"後世有一男子 入我堂 毁我冠裳 卒於 沙丘平臺"
(후세유일남자 입아당 훼아관상 졸어 사구평대)

"후세에 한 사나이가 나타나 내 사당에 들어와서 내 유품을 모두 부수고, 사구평대에 가서 죽으리라"고 씌어 있는 글귀를 보고 두려운 나머지 결국 공자의 사당을 허물지 못했으며, 그로 인하여 주역이 무사히 보존되어 전해 오게 되었다.

"앞으로 선천(先天)이라는 시대가 가고 후천(後天)이라는 시대가 오는데, 그때 가서 도(道)를 펴리라"하시며, 지금 중원(中原)이란 좁은 땅에서 道를 펴려고 하느니 보다는 차라리 세계가 하나 되는 후천(後天)시대에 내 道를 널리 펴야겠다. 시경(詩經)과 서경(書經)만 가지고서는 안 되며, 반듯이 역경(易經, 주역)이라야 한다."

공자는 주역(周易) 속에 후천시대에서 펼쳐질 도덕 경륜을 담았고, 주역을 지극히 아꼈다. 또한 주역의 신(神)으로서 미래사(未來事)를 알고 "내가 주역 속에 모두 감추고 간 모든 것을 알아낼까?"라고 하셨다.

공자는 200년 후에 진시황제가 전국을 통일하고, 분서갱유(焚書坑儒)로 선비란 선비는 모두 생매장한다는 것을 알고 있었으며, 진시황제가 공자사당을 부수러 올 것을 알았으며, 주역을 불태우리라는 것을 미리 알고 있었기에 공자는 진시황제가 공자사당을 부수지 못하게 하였으며, 또한 주역을 불태우지 못하도록 막은 것이다.

■ 도(道)

* 공자왈

주역(周易)의 '계사전(繫辭傳)'에

"近取諸身(근취제신)" "遠取諸物(원취제물)"

"진리를 구할 때는 가깝게는 자신의 몸 안에서 구하고, 멀리는 사물과 우주현상에서 구하라"는 뜻이다. 이 말에는 '멀리서 구하지 말고 가까운 데서……'

* 공자왈

"앞으로 선천(先天)이란 시대가 가고 후천(後天)이란 시대가 오는데 그때 가서 도(道)를 펴리라"하시며 지금 중원이란 좁은 땅에 道를 펴려고 하느니 보다는 차라리 세계가 하나 되는 후천시대에 내 道를 널리 펴야겠다. 시경(詩經)과 서경(書經)만 가지고는 안 되며 반듯이 주역(周易)이라야 한다."

* 필자 의견

공자(孔子)는 후천시대가 온다는 것을 미리 알고 계셨으며, 후천시대에는 시경(詩經)과 서경(書經)을 가지고서는 안 되며, 반드시 주역이라야 한다며, 주역을 애지중지 하셨다.

필자가 주역을 연구하면서 시대를 넘어 공자와 마주 앉아 보니 소름이 끼친다. 가히 사람이 아닌 신(神)이다.

천하의 진시황제를 굴복시켰으며, 주역으로 이 민족의 원시반본(原始反本)함을 예견하고 계시며, 오늘날 남북한에서 핵(核)이 발현됨을 알고 계시기에…….

* 사실 증명

地 : 땅

火 : 땅 속에 불(생명체)

明 : 후천시대 새 광명을 열어간다.

夷 : 큰 갓을 쓴 장대한 사람이 활을 짊어지고 있다. 동이족

〔해설〕

地 : 복희팔괘 + 문왕팔괘 = 선천과 후천, 후천시대를 음중음(陰中陰)이 열어간다(地).

火 : 황우석 박사의 난자핵(생명 창조)과 북한의 원자핵(생명 파괴)

明 : 日 + 月 = 음양 교차 = 주역 = 천지개벽

夷 : 한민족이 후천시대에는 남북한이 하나가 되어, 후천시대를 주도해 나간다.

地火明夷 : 이(夷)는 상하고 깨지는 것, 명이(明夷)는 밝은 것이 상(傷)하고 깨진다. 해가 서산에 지면 촛불을 켠다.

地火明夷 : 찬란했던 역사와 영토를 잃어버리고 한반도로 쫓겨와서, 반 토막에 반 토막으로 깨지고 부서지고, 남북으로 갈라지고, 전라도 경상도로, 분열에 분열을 거듭하고, 나라는 일본 치하에서 미국 치하로 깨지고 갈라지고 흩어져서, 주역(周易)으로 만든 태극기를 가슴에 안고 동해물이 마르고 말라 쫄아 붙을 때까지, 백두산이 닳고 닳아 다 없어질 때까지…….

夷 : 동이족이 큰 갓 모자를 쓰고, 큰 활을 매고 건장하게 서 있는 모습으로, 중국인들은 夷를 한민족을 상징한 글자로 쓰고 있다.

우리나라의 궁도(弓道)가 그 유전자임을 입증하고 있다.

地火明夷 : 후천시대는 동이족(東夷族)이 원시반본(原始反本)함과 동시에 작은 씨앗인 줄기세포와 김치의 유산균, 아궁이와 온돌방, 원시반본은 새벽 인(寅)시부터 시작하므로 핵의 발현 등을 공자는 이미 내다보고 지화명이(地火明夷) 괘를 만든 것이다.

공자는 주역 64괘명을 지화명이(地火明夷)로 지은 것으로, 정말 놀랍고 경이롭다 못해 전율을 느낀다. 공자는 이 시대를 거울 같이 보고 계셨으며, 지금 남북한의 핵도 우연이 아님을 밝히는 바이다.

2. 황우석 박사와 공자

火
2.7

木 3.8　　5土10　　4.9 金

1.6
水

午
巳　　未
辰　　　　申
卯　　　　酉
寅　　　　戌
丑　　亥
子

주역 팔괘(하도낙서, 河圖洛書)에서 보여주고 있듯이 중앙 土까지 합하여 다섯 개(水木火土金)이나 주역은 4로 나타날 수밖에 없기에 왜? 기독교는 태양, 불교는 달, 동양철학은 지구로…… "공자 왈 '근취제신(近取諸身) 원취제물(遠取諸物)' 가까이는 내 마음 속에서 찾고 멀리는 대 우주에서 찾아라." 하였고, 불교의 내 마음자리, 결국 근원은 내 마음 내 중심이듯, 기독교의 양력과 불교의 음력보다는 나인 지구가 세상만사의 중심으로…….

지구는 북극성을 축(軸)으로 하여 23.5도 기울어져 있어 4계절이 나오며, 여기 4로써 음양오행을 나타내야 하기에, 다시 말하면 봄, 여름, 가을, 겨울의 사계절이 생기게 된 것이다. 이렇게 북극성을 축으로 23.5도 기울어져 있음을 동양철학에서 밝혀 놓은 것이 丑未축이다. 丑未축이란 겨울(亥子丑), 봄(寅卯辰), 여름(巳午未), 가을(申酉戌)에서 陽과 陰의 교차점을 말하는 것이며, 우주의 1년인 129600년에서 2000년부터 후천시대에 접어들고 있음을 나타내고 있는데, 주역에서는 1乾天, 2兌澤, 3離火, 4辰雷에서 태극을 그리며, 음양(陰陽)의 축인 丑未를 축으로 하여 5巽風, 6坎水, 7艮山, 8坤地로 넘어 가는 과정을 보여주고 있다. 이는 음양(陰陽)이 맞물려 함께 돌아가는 모습인데, 태극기의 중앙에 빨강, 파랑, 원 둘이 꼬리 물고 돌아가는 형상이다.

丑은 소 축(丑)이며 황소다. 후천시대로 넘어 오는 시기에 미(未)가 밀게 되면, 축(丑)은 일어날 수밖에 없다. 丑時(새벽)가 지나면 寅時(아침)가 오고, 丑月(겨울)이 지나가면 寅月(봄)이 오고, 그 봄이 오게 되면 주역(周易)에 예언된 대로 일들이 진행되게 된다.

남쪽은 화(火)로 나타내고, 북쪽은 수(水)로 나타내니, 여기에서 水와 火는 상극으로 서로 싸움을 하게 되는데, 이 수화(水火)의 상전(相戰)을 말려 주는 것이 바로 木이다.

이 木(3,8)은 무엇인가?

지구에서 우리나라는 동쪽에 위치하고 있다. 우리 민족은 동이족(東夷族)이니 동쪽 사람으로 3.8木이고, 동쪽에 해뜨는 나라이니 역시 3.8木이며, 동해안에 소나무가 울창하니 역시 3.8木이고, 휴전선이 태극 형상으로 그어져 3.8線이니 이 또한 3.8木이며, 판문점(板門店)의 板자 역시 木이니 3.8木이다.

아무튼 우리나라 대한민국은 3.8木으로서 세계의 중심이 되게 되고, 이 한반도를 장악하는 나라가 세계를 좌지우지하게 된다는 논리가 되며, 태평양을 장악하는 나라가 세계를 지배한다는 논리와 일치하는 것이다.

우주의 1년인 129600년 가운데서 2000년대로 접어들어 후천시대를 맞이하니, 未가 밀리면 丑이 일어나게 되는 것이니, 2000년 8월에 申酉戌로 나아가는 金火交易의 첫 해에 황우석 박사가 소(丑)박사로 이름을 세상에 알렸다.

아침이 열리기 위해서 축(丑)이 움직이니, 먼저 정주영 회장이 이북에 소(丑)를 끌고 가게 된 것들도 이와 무관하지 않다.

0.1.2.3.4.5.6.7.8.9 → 10으로 0은 무극(無極)이며, 10은 0속에 點을 하나 더 찍어 황극(皇極)이며, 오대양(五大洋)과 육대주(六大洲)로 이루어진 지구와 오장육부(五臟六腑)로 구성된 우리 인체는 같은 것으로서, 지구의 70%가 바다이며, 우리 인체의 70%가 물이다.

입구멍이 하나요, 콧구멍이 둘이요, 눈구멍이 둘이요, 귓구멍이 둘이요, 대소변 보는 구멍을 다 합치면 9가 되며, 여기에 여성이 애기를 포태하는 자궁까지 합하면 10이 된다.

아침이 열리기 위해서는 丑이 먼저 새벽을 열어야 하듯, 봄(寅)이 오기 전인 눈 덮인 丑월의 땅속에서 나무뿌리가 먼저 활동을 해야 하는 것이다.

여성의 10, 황우석 소(丑) 박사, 여성 난자, 씨앗 기술, 이것이 먼저 열려야 동이족(東夷族)이 원시반본(原始反本) 하게 된다.

동쪽의 반대는 서쪽이니, 동쪽은 3.8木이고, 서쪽은 4.9金이다. 이 4.9金이 대번영하여 일어나려는 3.8木을 金剋木하는 것이다.

후천시대에는 북쪽의 원자핵과 남쪽의 황우석 박사의 핵 치환 기술로, 즉 한국의 핵이 전 세계를 장악을 하게 되기에 서쪽의 4.9金이 막고 있는 것이다.

특히 북한의 핵(核)은 사용 불가능한 핵이지만, 남한의 황우석 박사 핵 치환은 사용 가능한 핵으로, 이 핵은 년간 300조 이상의 엄청난 국익을 발생하게 될 것이라고들 한다.

2008년 10월 현재, 황우석 박사는 억울한 누명을 쓰고 지금 재판중에 있는데, 지금 그의 진실이 대부분 다 밝혀져 가고 있다고 한다.

황우석 박사의 진실을 알고 싶은 분이나 왜곡된 정보를 알고 계시는 분은 인터넷 검색창에서 '황우석 박사의 진실'을 찾아보시기 바란다.

공자는 이미 진시황제가 200년 후에 자신의 사당을 부수러 올 것을 알고 미리 막았듯이 후천시대에 동이족(東夷族)이 원시반본(原始反本) 하게 되며, 남북한의 핵으로써 후천시대를 열어 갈 것임을 미리 내다 보고 주역(周易)으로 일러 놓은 것이다.

■ 북한이 핵을 포기할 것인가에 대한 최종 정리

필자가 다소 난해(難解)하고 복잡한 주역(周易)을 소개해 드렸다. 이제 정리를 해 드린다면 북한이 살생용 원자핵이라면 남한의 핵은 황우석 박사의 생명을 살리는 핵(核)으로, 여성의 난자를 핵 치환 하여 줄기세포를 만들어 내는 핵 기술을 말하며, 이 핵으로 후천시대를 열어가게 되고, 대한민국은 남북한의 핵에 의하여 세계 중심국가가 될 것임을 주역은 밝히고 있는 것이다.

그러므로 북한은 절대로 핵을 포기하지 않게 될 것이며, 남한의 황우석 박사의 줄기세포 핵 치환 기술도 강대국에서 빼앗아 가려고 하고 있으나 절대로 빼앗아 가지 못한다는 것을 동양철학 주역(周易)은 밝히고 있는 것이다.

3. 남북통일은 될 것인가?

* 공자왈

“蠱元亨而天下治也”
(고원형이천하치야)

■ 복희팔괘는 선천, 문왕팔괘는 후천

■ 복희팔괘에서

1乾天, 2兌澤, 3離火, 4震雷, 5巽風, 6坎水, 7艮山, 8坤地

■ 복희팔괘도 순환도

1234까지 양(陽)의 기운(氣運)으로 돌아가다 5678로 음(陰)이 動하여 가는데 1234는 종교가 성하게 되고, 주역(周易)은 陽이 강한 시대에 만들어지기에 종교에 비하여 빛을 발하지 못하게 되며, 4에서 5678로 넘어가는 과정에서 중앙 5土를 거쳐 지나가기에 주역이 중국에서 완성되게 되고, 시간이 흐른 후 간방(艮方)에서 만들고 간직한다.

* 註 : 艮方은 戌土, 華蓋 씨앗, 열매를 의미

〔복희팔괘도〕

乾
2
兌 巽
7 丁 9
丙 庚

離 3 乙 辛 4 坎

甲 壬
8 癸 6
震 艮
1
坤

〔문왕팔괘도〕

離
9
巽 坤
4 2

震 3 5土10 7 兌

8 6
艮 乾
1
坎

• 6壬水 → 1溪水 → 8甲木 → 3乙木 → 4丙火 → 9丁火 → 2庚金 → 7辛金 → 즉, 다시 말하여 4계절별로 돌아가면서 2.7火와 4.9金이 金火交易

〔해설〕

* **공자왈**

"蠱元亨而天下治也"
(고원형이천하치야)

"先甲三日後甲三日終則有始天行也"
(선갑삼일후갑삼일종즉유시천행야)

■ **산풍고**(山風蠱)

* 山風蠱 괘이다.

이 괘는 복희팔괘의 7艮山과 5巽風이 결합하여 만들어진 괘이다. 문왕팔괘에서는 7艮山이 동북방으로 4震雷 자리 옮겨 오며, 5巽風은 2兌澤 자리로 옮겨졌다.

* 艮山이란 동방, 대한민국, 호랑이 나라, 해 뜨는 나라, 소나무 많은 나라, 산맥이 아름다운 나라라고 하였고, 산풍고(山風蠱)란

산 밑에 바람이 들어 단풍이 들고, 낙엽이 지고, 수목이 모두 병들었다는 고(蠱)로서, 우리나라를 세 마리의 벌레가 파먹었다는 뜻이다.

* 고(蠱) 속에 벌레 세 마리 찾아보면!

일단 이북은 중국의 지배 하에 있고, 남한은 미국 영향권에 있으며, 일본은 36년간 우리를 지배했다.

* 先甲三日後甲三日終則有始天行也
  (선갑삼일후갑삼일종즉유시천행야)

선3일 + 후3일 = 6

6/6 = 36 일본치하

* 離火 巽風 坤地 震雷 兌澤 艮山 乾天 坎水 = 8

8/8 = 64

3마리 蟲 ← 벌레 때문에 생겨난 남북분단 1950년 6월25일로 현 59년

통일 또는 유라시아 철도가 개통되려면 64 - 59 = 5년 남았다.

* 복희팔괘도에서 2兌澤 연못의 물인데, 복희팔괘 2兌澤이 문왕팔괘 6坎水와 금화교역하였다. 고로 南方인 일본을 상징하는 2兌澤과 西方인 미국을 대변하는 6坎水가 자리바꿈한 것으로서 兌澤은 못이며, 물로서 후천시대에 일본과 미국은 물에 잠기게 될 것이라고 한다.

따라서 미국과 일본은 동맹으로 가까워질 수밖에 없는 운명을 가지고 있기에 우리나라는 간방(艮方)이며, 巽風에는 일본과 미국이 함께 교대로 들어와 있게 된 것이다.

* 이렇듯 공자는 이미 艮方에서 세 마리의 벌레가 후천시대가 도래하기 전까지 한반도의 뿌리를 다 파먹을 것임을 미리 알고 산풍고(山風蠱)란 괘(卦)로써 시대적인 변화를 대변해 놓은 것이다.

* 공자왈

蠱元亨而天下治也 : 썩은 나무와 낙엽은 벌레가 갈아먹고 부드러운 토양을 만들면 입춘 艮方에서 새로 돋아나는 새싹은 그 토양을 영양분으로 하여 쑥쑥 잘 자랄 수 있다.

* 이 지구상에 우리 민족과 같이 주역(周易)의 음양오행(陰陽五行)으로 국기를 만든 나라가 없으며, 우리나라는 음양오행의 태극기를 국기로 사용하였기에 후천(後天)을 기다려 온 것이다. 애국가에서처럼 "동해물과 백두산이 마르고 닳도록 하느님이 보우하사 우리나라 만세!"인 것이다.

이렇듯 천명에 의하여 후천시대를 기다려 온 민족이다.

4. 2009년 경기는 좋아질 것인가?
또한 2010년 경기는 어떠할 것인가?

* 우리나라는 艮方이라 하였다. 甲木나라 "先甲三日後甲三日終則有始天行也" 乙酉년부터 6년 후면 새로운 대 변혁기에 도달하게 되므로 통일의 조짐이 그때부터 보이며, 점차적으로 발전해 갈 것이다. 통일이 되지 않는다 하여도 남북교류(유라시아 철도) 문제의 실마리를 풀게 되리라 본다.

우리나라는 동방 木의 나라로서, 자연의 법칙에 따라 나무는 봄부터 여름까지 성장을 하고, 가을로 접어들면서 수축하니 丁亥 戊子 己丑까지는 겨울철로서 만물이 월동(越冬)하는 기간에 해당하니, 木에 해당하는 우리나라로서는 시기적으로 국가나 경제적으로 많은 부분에 어려움을 겪게 되는 것이고, 2009년에도 역시 우리나라 경제가 어려움에서 벗어나기는 어려울 것으로 본다.

2010년은 庚寅년으로 木旺節에 해당하는 立春을 맞이하듯 만물이 소생하는 시기이므로 새로운 기운을 받아, 국가 경제가 원활이 풀려 갈 것으로 필자는 보고 있다.

5. 황우석 박사와 불교계

火
2.7

木 3.8　　5土10　　4.9 金

1.6
水

기독교 ——	양력 ——	태양
불 교 ——	음력 ——	달
동양철학 ——	절기심천 ——	지구

위 도표는 우리나라 태극기며, 주역의 근원인 팔괘도로서, 중앙은 陰이며 변(邊)은 陽이다. 태양과 양력을 사용하는 기독교는 陽으로서 변에 해당하며, 달과 음력을 사용하는 불교는 당연히 陰에 해당된다.

충청도로 수도 서울이 옮겨 가고 있다.

충청도는 중앙이다.

충청도 땅은 평지다.

충청도 땅은 후천시대를 열어갈 이 지구의 명당 중 명당이다.

충청도 땅은 황토색이다.

황우석 박사는 충청도에서 태어나셨다.

우리나라 황소가 황토색이다.

황우석 박사 성씨가 누를 黃씨다.

태백산 정상이 황토 흙이다.

* 우리나라 태극기 속에서 충청도 중앙과 누를 黃과 누른 황소와 누른 산과 들을 밝혀 드렸듯이 황우석 박사는 위 도표에서 중앙 5.10土에 해당함을 밝혀 드렸다.

이제 본격적으로, 불교계가 왜 황우석 박사 지지운동에 적극 동참하고 있는가를 그 이유를 찾아가 보기로 한다.

황우석 박사는 하늘이 이 민족을 위하여 보내신 분임을 주역이 밝히고 있다.

이제 왜? 불교계가 황우석 박사 지지운동에 적극적으로 나서고 있는가?

그 이유를 알려면 위 주역 팔괘도를 다시 한번 봐 주시길 바란다. 팔괘도 중앙에 5.10土가 있는데, 5土는 己土로서 논밭과 같은 평야라면 10土는 高山이다. 그래서 우리나라의 태백산은 유일무이(唯一無二)하게 산 정상에 날카로운 바윗돌 하나 없이 온통 누런 황토 흙뿐이다. 해발 1,400고지 이상의 大山이다.

己土는 陰中陰
戊土는 陰中陽

즉 戊, 己土는 둘이 부부다. 다시 말하면 불교와 황우석 박사는 부부와 같은 운명으로 함께 후천시대를 열어 가야 한다. 황우석 박사와 불교는 역(易)에 의한, 아니 대우주의 법칙에 의하여 맺어진 인연이기에 황우석 박사가 모함에 빠져 어려움을 겪고 있는 이 시기에 불교계가 나서지 않을 수 없게 된 것이다.

중앙 5.10土는 陰中陰으로서 태양이 盛할 때는 그 실체를 볼 수 없지만, 해가 지고 어둠이 오면 陰中陰인 불교와 함께 황우석 박사의 실체가 보이게 되는 것이며, 불교계는 황우석 박사와 함께 후천시대를 열어 가야 할 숙명을 가지고 있기에 적극적으로 황우석 박사를 지켜야 할 것이다.

또 戊, 己土는 부부이며 하나이지만, 불교는 戊土로 상징되듯이 절은 대다수가 산 속에 있다. 절은 대다수 깊은 산중에 있으며, 포교당은 포교활동 관계로 도심 속에 있다.

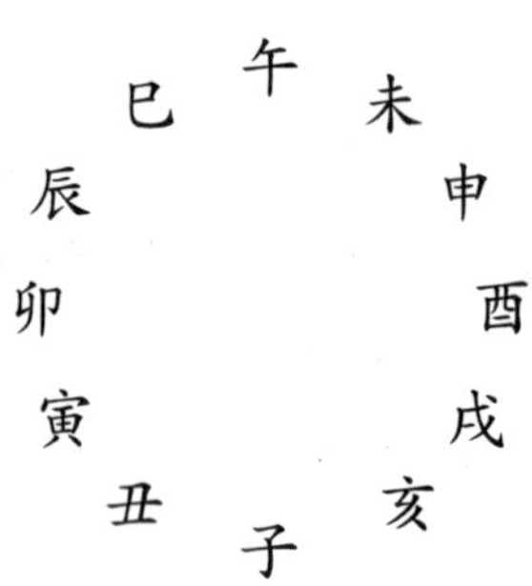

우주의 1년인 129600년 중에 2000년을 지나오면서 위 도표 未에서 申으로 넘어 왔으며, 2000년으로부터 올해가 2007년이니 陰의 시대로 넘어온 지 7년째 되는 해다.

寅卯辰, 巳午未는 陽
申酉戌, 亥子丑은 陰

동방 해 뜨는 나라, 호랑이 寅, 토끼 卯, 또는 동이족(東夷族)이라 불리우는 우리 민족은 寅卯辰 동방 木에 해당한다. 木이 꽃을 피우기 위하여서는 먼저 새순이 돋아 나와야 한다. 寅월 寅시, 새벽을 열기 위하여서는 丑시를 거쳐야 가능하며, 새 봄이 오기 위하여서는 丑월 땅속에서 뿌리가 먼저 활동을 하여야 寅월의 봄에 나무가지에 물이 올라가게 되듯이 황우석 박사는 소축, 즉 丑시에 해당하며, 丑으로써 민족의 여명을 열어 줄 것이다.

동양철학은 지구 중심인 절기심천을 사용하며, 절기심천을 사용하는 곳은 농부와 어부, 동양철학인이다. 지구는 23.5도 기울어 있어 사계절이 중심이 되어 주역에서도 역시 중앙 5.10土가 나오질 못하였으며, 중앙 5.10은 陰中陰으로 우주의 1년인 129600년 2000년 후천시대인 양의 시대가 가고 陰의 시대가 도래 해야만 그 실체를 볼 수 있는 것으로, 즉 다시 말하면 태양이 져야 밤하늘의 아름다운 별들이 보이는 것과 같은 이치다.

앞서 5.10土를 황우석 박사와 불교계로 설명드렸듯이 5.10土를 음양(陰陽)으로, 음양은 부부와 같다. 고로 불교와 황우석 박사를 부부 인연법으로 해석한다면 후천시대는 황우석 박사와 불교가 함께 함으로 열어 간다고 주역은 밝히고 있다.

황우석 박사는 5土 己土에 해당하며, 戊土는 10土에 해당하여 丑土와 辰土는 5土와 10土로 음양이다. 즉 다시 말하면 음양이 하나가 되어야 후천시대를 열어가게 된다는 것을 주역이 밝히고 있으며, 이는 공자왈의 예언인 것이다.

우리나라에 수많은 과학자들이 있으나 유독 필자가 황우석 박사 문제를 거론하는 것은 주역 속에서 후천시대를 열어가는 것이 소(丑)이라 밝혀 놓고 있으며, 핵이라 밝혀 놓았기 때문이다.

씨앗, 난자, 음중음(陰中陰), 여성 10, 난자를 주역이 밝혀 놓았기 때문인 것이다.

6. 우리나라 애국가 속의 비밀

■ 주역(周易)의 하도낙서(河圖洛書)

火
2.7

木 3.8　　5土10　　4.9 金

1.6
水

■ 일주일

日曜日 月曜日 火曜日 水曜日 木曜日 金曜日 土曜日 → 이것이 周易

■ 日曜日, 月曜日, 水曜日, 火曜日, 木曜日, 金曜日, 土曜日에서 曜日을 빼고 나면

日, 月, 火, 水, 木, 金, 土, —> 陰陽 五行이 나온다.

■ 다시 日, 月을 빼면

火, 水, 木, 金, 土 → 五行이 나온다.

■ 역학적으로 줄을 세움

水=木=火=土=金 → 상생
水+火+金+木+土 → 상극

■ 우리나라 태극기와 일본 국기의 비밀을 푼다.

— 일본 애국가 —

모래가 뭉쳐서 바위가 되고, 바위에 이끼가 끼도록 이런 식이다.

〔해석〕

작은 모래가 뭉치고 뭉쳐 바위가 되고, 세월이 가면 갈수록 더 단단해져서 이끼가 끼도록 변함없어라!!(일본 바다 속으로 가라앉으면 이끼가 끼겠군요)

일본은 불같이 일어나나 陰인 水 기운이 오면 꺼져 버린다.

— 우리나라 애국가 —

동해물과 백두산이 마르고 닳도록 하느님이 보우하사 우리나라 만세!!

〔해석〕

동해물이 마르고 마르고, 백두산이 닳고 닳아, 깎고 비비고 문질러 닳아 다 없어지도록…….

— 일본국기 —

일본은 색 원
붉은색은 팽창과 원으로 하나의 민족단결

— 우리나라 태극기 —

주역의 음양오행

무극(無極)에서 양효(兩爻), 양효(兩爻)에서 사상(四象), 사상(四象)은 팔괘(八卦), 팔괘는 64괘 다음부터는 승으로 분열

무극(無極)에서 양효(兩爻) 사상(四象) 팔괘(八卦)로 영원한 팽창과 분열만 있는 것이 아니고 역(易)의 법칙 음양(陰陽)으로 황극에서 끝나며, 황극은 다시 원시반본(原始反本) 한다는 이치!!

우리나라 애국가와 태극기 속에 숨어 있는 비밀은 陽이 끝나는 그때까지 참고 인내하여 陰 기운이 올 때 다시 원시반본(原始反

本) 하며, 간(艮)은 씨앗이고 열매며 뿌리로서, 뿌리는 절대로 죽지 않으며, 참고 인내하여 陽의 끝나는 순간에 원시반본(原始反本) 한다는 공자의 무서운 예언!!

무극(無極)은 土로서 중용・평화・사랑・화합이며, 색으로는 노란색이니 태극기에 노랑색을 넣는 그 순간부터 이 민족은 원시반본(原始反本) 하게 된다.

〔부록〕

- 이 세상은 하늘이 정해 놓은 정확한 우주 법칙 속에서 움직이며, 그 법칙에 따라 매일매일 새로운 하루가 밝아 온다.
- 공자(BC 51년~BC 479년)는 이미 2500년 전에 '周易' 설괘전(說卦傳)에서 이렇게 말했다.

"艮東北之卦也 萬物之所成終而所成始也 故曰成言乎艮."

"간(艮)은 동북방을 상징하는 卦이니, 만물이 열매를 맺어 종지부를 찍음과 동시에 시작과 새 출발이 이루어지는 곳이다. 조물주의 창조의 이상 섭리가 간방(艮方)에서 이루어진다."

- 주역(周易)에서 간(艮)괘는 방향으로는 동북방향, 국가로는 한국, 나무로는 열매를 상징한다.
- 겨울이 가고 봄이 오면 나무 둥치는 다 죽어도 뿌리에서 다시 새싹이 돋아난다.
- 즉, 최악의 절지(絶地)가 새로운 시작이 되듯이, 이제 이 민족의

뿌리가 움직이고 있다.

- 예로 2002년 월드컵 때의 붉은 악마는 환단고기에 나오는 치우천왕의 얼굴과 그 기상을 따온 것이다.
- '월드컵으로 우리도 할 수 있다'라는 희망을 가지게 되었다.
- 한민족인 치우천왕, 한민족이 뭉치면 엄청난 위력을 발휘한다는 것을 여실히 보여준 사례다.
- 세상의 사람들이 서울 시청 앞에 모인 붉은 악마와 군중들의 단합된 힘을 보고 탄복하며 하는 말, "저 민족은 도저히 알 수 없는 민족이다."
- 역(易)은 음양(陰陽)이다. 즉, 다시 말하여 善과 惡을 동시에 가지고 있다.
- 세계 열강들의 이해관계에 따라 이 민족과 이 나라를 전쟁의 환란 속에 몰아넣으려고 하고 있다.
- 위 하도낙서(河圖洛書)에서 보듯이 1.6水 → 3.8木 → 2.7火 → 4.9金으로 4계절이 이동함에 水木火까지는 相生이나, 火에서 金으로 넘어가는 데는 상극(相剋)이 일어난다.
- 하루도 4마디인 아침, 점심, 저녁, 밤
- 일년도 봄, 여름, 가을, 겨울로 4마디
- 우주의 일년인 129600년도 봄, 여름, 가을, 겨울의 4마디
- 남극의 火氣와 북극의 水氣가 상충(相沖) 할 때 통관시켜 주는

것은 3.8木

- 성현들은 간방(艮方)에서 새 역사가 이루어진다고 밝혀 왔다.
- 하도낙서(河圖洛書)에서 보듯이 내면세계, 정신세계, 의식세계, 무형의 세계, 신의 세계, 道의 세계, 바른 진리의 길(道)인 중앙 土를 통하여 火克金으로 넘어갈 수 있음을 밝히고 있다.
- 중앙 土는 중용, 사랑, 베풂, 나눔, 화합이다.
- 태극기 흰 바탕, 검은 효, 파랑과 빨강색은 있으나 五色 중에서 노랑색만 빠져 있다.
- 태극에 노랑 띠를 두르면 五行이 주류한다.
- 이미 음양오행(陰陽五行)이 다 있다고 말하지 말라!! 하도낙서(河圖洛書)를 보면 쉽게 이해가 간다.
- 중앙 5와 10이 있다. 태극기에 五行이 다 있다고 하는 것은 공자님의 + 10土는 모르고 하는 소리이다.
- 주역(周易)으로 만들어진 바둑에 9단은 있으나 10단은 없다. 조훈현 기사가 "하느님과 3점을 놓고 두면 이길 것 같고, 2점이면 질 것 같다"라고 말하였다.
- 공자의 말씀을 가슴으로 받아들여 태극기에 노랑 띠를 둘러야 한다.
- +10 자리에서 12干支 1萬2千 도통군자 나오는 바로 그 자리다.

7. 명리학(命理學)의 뿌리는 주역에 있다

(64괘와 60갑자의 비밀)

■ 주역 팔괘

1.6水　2.7火　3.8木　4.9金　5.10土

■ 주역의 근원

1水에 5土를 합하여 6
1水는 癸水
6水는 壬水

2火에 5土를 합하여 7
2火 丁火
7火 丙火

3木에 5土를 합하여 8
3木은 乙木
8木은 甲木

4金에 5土을 합하여 9
4金 辛金
9金은 庚金

5土에 5土를 합하여 10

5土는 己土
10土는 戊土

〔복희팔괘도〕

乾
2
兌 巽
7 丁 9
丙 庚

離 3 乙 辛 4 坎

甲 壬
8 癸 6
震 艮
1
坤

〔문왕팔괘도〕

離
巽 9 坤
4 2

震 3 5土10 7 兌

8 6
艮 乾
1
坎

〔 복희팔괘도 〕

火
2.7

木 3.8　　5土10　　4.9 金

1.6
水

水는 木을 생하고, 木은 火를 생하고, 火는 중앙 土를 생하고, 중앙 土는 金을 생하고, 金은 水를 생하는 상생도(相生圖)이다.

〔 문왕팔괘도 〕

金
4.9

木 3.8　　5土10　　2.7 火

1.6
水

반대편으로 돌아가면서 水는 火를 극하고, 火는 金을 극하고, 金은 木을 극하고, 木은 중앙 土를 극하며, 중앙 土는 水를 극하므로 복희팔괘와 문왕팔괘로써 음양오행(陰陽五行)의 상생(相生) 상극도(相剋圖)가 완성되었다.

〔주역은 64괘 60갑자는 60개〕

〔주역의 천간〕

丁
2
丙 7 9 庚

乙 3 4 辛

甲 8 6 壬
1
癸

〔주역의 지지〕

午
巳 申
辰 未
卯 酉
丑 戌
寅 亥
子

〔 주역의 사계절 〕

여름

봄 가을

겨울

대 우주는 시간이므로 시간은 4계절로 분류하기 때문에 중앙에 5.10土를 넣지 않는다.

고로 1.6水 2.7火 3.8木 4.9金 = 8괘(卦)

복희팔괘와 문왕팔괘를 합하여 8×8 = 64괘(卦)

丁

丙 庚

乙 戊 己 辛

甲 壬

癸

午

巳　　　申

辰 未

卯　　　　　酉

丑 戌

寅　　　亥

子

지지(地支) 역시 4계절로 맞추기 위하여 중앙의 辰戌丑未가 변(邊)으로 나와서

寅卯辰 봄
巳午未 여름
申酉戌 가을
亥子丑 겨울
로 된다.

동양철학은 4계절로 표현되기 위하여 주역의 천간(天干)은 중앙의 土가 변(邊)으로 나오질 못하며, 지지(地支)는 辰戌丑未가 변으로 나와 4계절로 나타낸다.

〔음양의 법칙〕

주역 천간(天干)은 戊己土가 변(邊)으로 나오질 못하는 반면, 지지(地支)는 변으로 나온다.

고로 주역은 64괘가 되고, 60갑자는 60개가 된다.

기독교는 태양력 1월 1일
불교는 음력력 1월 1일
동양철학 지구력 절기심천

즉, 다시 말하면 지구의 축이 23.5도 기울어 있어 子午축이 아니며 丑未축이다. 절기심천으로 정하니 입춘으로 사주팔자의 기준을 삼는다. 고로 동양철학은 지구력을 선택하므로 입춘을 기준한다.

8. 고구려와 발해가 우리의 역사라는 결정적 자료

http://blog.empas.com/whcjfgrk/list.html?c=8372861
→ 중국 전 총리 주은레의 발해사 인정 동영상 자료

http://www.coo21.rgro.net/011/0301_O006_011.html
→ (동영상 특강) 진본 규원사화가 발견되다(총괄 1편)

http://www.coo21.rgro.net/021/0301_O006_021.html
→ (동영상 특강) 일제가 단군 신화설을 조작하다(총괄 2편)

http://www.coo21.rgro.net/022/0301_O006_022.html
→ (동영상 특강) 한국 12연방(1편)

http://www.coo21.rgro.net/023/0301_O006_023.html
→ (동영상 특강) 한국 12연방(2편)

http://www.coo21.rgro.net/031/0301_O006_031.html
→ (동영상 특강) 한국 12연방(3편)

http://www.coo21.rgro.net/032/0301_O006_032.html
→ (동영상 특강) 치우천자의 한웅시대(1)

http://www.coo21.rgro.net/033/0301_O006_033.html
→ (동영상 특강) 치우천자의 한웅시대(2)

http://www.coo21.rgro.net/041/0301_O006_041.html
→ (동영상 특강) 치우천자의 한웅시대(3)

http://www.coo21.rgro.net/042/0301_O006_042.html
→ (동영상 특강) 치우천자의 한웅시대(4)

http://www.coo21.rgro.net/043/0301_O006_043.html
→ (동영상 특강) 치우천자의 한웅시대(5)

http://www.coo21.rgro.net/051/0302_O006_051.html
→ (동영상 특강) 단군조선 47대(1)

http://www.coo21.rgro.net/052/0302_O006_052.html
→ (동영상 특강) 단군조선 47대(2)

http://www.coo21.rgro.net/053/0302_O006_053.html
→ (동영상 특강) 단군조선 47대(3)

http://www.coo21.rgro.net/061/0302_O006_061.html
→ (동영상 특강)삼국의 대륙 기록과 유물들(1)

http://www.coo21.rgro.net/062/0302_O006_062.html
→ (동영상 특강) 삼국의 대륙 기록과 유물들(2)

http://www.coo21.rgro.net/063/0302_O006_063.html
→ (동영상 특강) 삼국의 대륙 기록과 유물들(3)

http://www.coo21.rgro.net/071/0302_O006_071.html
→ (동영상 특강) 삼국의 대륙 기록과 유물들(4)

http://www.coo21.rgro.net/072/0302_O006_072.html
→ (동영상 특강) 삼국의 대륙 기록과 유물들(5)

http://www.coo21.rgro.net/073/0302_O006_073.html
→ (동영상 특강) 종합 결론

* 만약 위 사이트 주소가 나오지 않을시 여기를 활용하시기 바람 → http://tkwn.com.ne.kr/19.htm/freeboard/board.php?p_idboard=tkwn_3&p_work=detail&p_total=&p_no=9930&p_choice=&p_item=&p_page=1&title_show=html

9. 주역은 동이족(한민족) 예언서이다!

■ 복희팔괘는 선천, 문왕팔괘는 후천

■ 복희팔괘에서

1乾天, 2兌澤, 3離火, 4震雷, 5巽風, 6坎水, 7艮山, 8坤地

■ 복희팔괘도 순환도

1234까지 양(陽)의 기운(氣運)으로 돌아가다 5678로 음(陰)이 動하여 가는데 1234는 종교(宗敎)가 성하고 주역(周易)은 陽이 강한 시대에 만들어지기에 종교에 비하여 빛을 발하지 못하며, 4에서 5678로 넘어가는 과정에서 중앙 5土를 거쳐 지나가기에 주역은 중국에서 완성되고 시간은 흘러 간방(艮方)은 戌土, 華蓋 씨앗, 열매를 艮方에서 만들고 간직한다.

〔복희팔괘도〕

乾
2
兌 巽
7 丁 9
丙 庚

離 3 乙 辛 4 坎

甲 壬
8 癸 6
震 艮
1
坤

〔문왕팔괘도〕

離
巽 9 坤
4 2

震 3 5土10 7 兌

8 6
艮 乾
1
坎

- 6壬水 → 1溪水 → 8甲木 → 3乙木 → 4丙火 → 9丁火 → 2庚金 → 7辛金 → 즉, 다시 말하여 4계절별로 돌아가면서 2.7火와 4.9金이 金火交易

〔해설〕

■ **화산여(火山旅)**

- 화산여(火山旅) 괘(卦)로서 3離火와 7艮山 합으로 만들어졌다.
- 문왕팔괘 3離火는 1乾天 자리로 옮겨 갔으며, 7艮山은 4震雷 자리로 옮겨 갔다.

화산여(火山旅)란?

위는 불(火), 아래는 산(山)으로, 여(旅)는 여행, 집과 고향을 떠나 낯선 곳으로 가는 것, 방황하는 나그네를 뜻한다. 태양이 산에서 떠서 산으로 지는 것은 나그네의 여정과 같으므로 여(旅)를 괘(卦) 이름 하였다.

* 주역으로 세상을 비춰 볼 때 빼놓을 수 없는 것으로, 이 세상 百이 없다. 똑같은 것이 없다. 무한대, 절대 절명, 윤회, 약육강식에 의한 적자생존, 유전자, 음양오행.

* 세계를 지배하는 세 가지 무기화(금융의 무기화, 식량의 무기

화, 살생무기의 무기화)

▶ 유태민족과 한민족만이 이지구상 유일하게 민족의 예언서를 가진 민족으로, 유태민족은 성경이란 예언서를 가졌고, 우리 민족은 주역이란 예언서를 가졌다. 유태민족은 나라를 잃었고, 우리 민족은 혼을 잃었다. 유태민족은 선천을 주도한다면, 한민족은 후천을 주도한다(*이것은 음양의 법칙이다).

이제 우주의 1년인 129600년 2000년 밀레니엄 우주 가을 후천시대는 주역의 예언서대로 이제 우리 민족의 혼과 의식을 되찾아 지금까지 유태민족이 누려온 그 영광을 우리가 누릴 때가 되었다.

* 2번 질문에 대한 답변 주역이 중국 것이 아니며, 우리 민족 것이라는 것을 설명을 드리는 장으로, 먼저 중국인과 한민족과의 차이는 몽골반점으로 중국인은 몽골반점이 없다. 동이족(東夷族)인 한민족(韓民族)만이 궁둥이에 몽골반점이 있다.

▶ 사실 주역의 근원을 설명드린다는 것이 생각보다 쉽지 않다 어려운 전문용어를 많이 사용해야 하는데, 아무튼 최소한 간략히 설명드린다. 후천시대를 맞이하여 우리 민족이 꼭 알아야 하는 내용들인데, 여기서 설명하는 내용들은 그 중에서 극히 일부분에 지나지 않음을 알아주기 바란다.

▸ 시계 도표로서 子 ← 밤 12시, 午 ← 낮 12시

▸ 주역은 절대법칙에 의하여 확인 할 수가 있다. 우리의 선조, 우리 민족의 역사가 과연 얼마나 될까? 우리 민족의 선조 5000년이라 하며, 과학으로 밝혀지고 있는 우리 동이족(東夷族) 역사는 1만년이다.

중국이 과거의 발해지역 부근에서 이집트 피라미드 보다 더 큰 피라미드 산을 수백 개 발견하였는데, 그것을 진시황제의 것인 줄 알고 발굴을 하다 보니 동이족(東夷族)의 무덤인 것으로 드러나자, 중국은 지금 그 지역 일대를 차단하여 엄격한 보안을 유지하고, 외부 일체의 접근을 막고 있는 상황이다.

* 지금 중국은 한반도를 먹어야 한다. 그러나 남한은 일본치하에서 미국치하로 넘어가 있으니 흡수할 수 없고, 중국은 북한만이라도 절대로 먹어야 한다. 중국이 그들의 역사를 1만 년으로 끌어올리기 위해서는 동이족을 자기 민족으로 흡수해야만 하고, 그 이후에야 비로소 발해에 있는 수백 개의 피라미드를 공개 할 수 있기 때문이다.

10. 중국의 동북공정이란?

북한을 중국이 흡수 통일 하여야만 하는 분명한 이유다. 미국은 중국 국력이 강성해져서 미국의 절대 권위 패권에 도전함을 사전에 봉쇄하여야 하는 절박한 시기에 봉착하고 있다. 이러한 일본, 미국, 소련, 중국의 4개 강국 속에 샌드위치가 되어 있는 것이 우리 민족이 처한 현실이고, 심지어 혹자는 한글이 이 지구상에서 사라질 문명이라고 까지 하고 있다.

* 필자가 하고 싶은 말은 많으나 생략하고, 주역(周易)이 한민족(韓民族)의 예언서라는 부분에 대하여만 밝혀 보기로 한다. 우주의 1년인 129600년 가운데서 서기 2000년대로 접어드는 시기가 후천(後天)시대라고 한다.

치우천황 1만년 역사를 주역으로 밝혀 보면 7艮山 동이족(東夷族)이라 필자가 누누이 밝혀 왔듯이 戌자리, 씨앗, 동이족, 문명의 시작, 황우석 박사 난자의 씨앗이 인류 문명의 시초다. 戌에서 1천년씩 *戌亥子丑寅卯辰巳午未까지 꼭 10개다. 우리 민족의 찬란한 역사는 1만년이다.

주역으로 밝혀보면 인류 문명의 시작은 씨앗 戌 여기서 시작되니 동이족(東夷族)인 우리 민족이 인류 문명의 시조(始祖)이다. 우리 민족은 자부심을 가져도 좋다. 주역(周易)은 동이족인 복희씨가 5600년 전에 만들었다.

寅에서 未까지가 6천년이다.

동방의 해 뜨는 나라가 새로운 세상을 열어간다. 그 민족이 바로 우리 한민족(韓民族)이다.

▶ 이제 본론인 주역(周易)은 동이족(東夷族)의 예언서라는 증거에 대하여

주역(周易) 팔괘(八卦)가 만들어진 순서다.

1乾天—2兌澤—3離火—4震雷—5風—6坎水—7艮山—8坤地

〔복희팔괘도〕

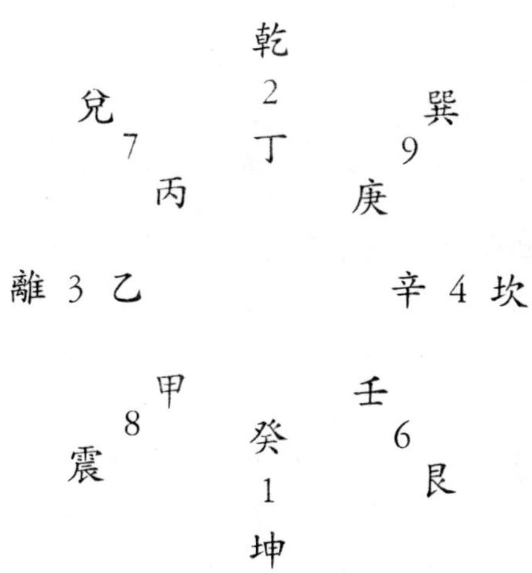

방위별로 보면 (한반도木) (일본火) (미국金) (소련水) (중국土)

▸ 동이족(東夷族)인 복희씨가 주역(周易)을 만들어 놓은 것을 보면

1 → 2 → 3 → 4 → (중앙 土) → 5 → 6 → 7 → 8

즉, 다시 말하면 우리나라 태극기의 중앙에 있는 태극이 바로 여기에서 나오고 있다.

동이족이 씨를 뿌리게 되는데, 어디에다 뿌려야 하는가?

▸ 동이족(東夷族)의 씨앗은 중앙을 거쳐 태극으로 넘어 가기에 주역(周易)의 씨앗을 중국에다 심을 수밖에 없다는 공자의 말씀이다.

즉, 씨앗이 우리 것이므로 '엄마가 뱃속에서 길러 놓은 자식이 우리 자식이다'라는 입장이다.

"易"

주역은 동이족에 대한 예언서이다. 주역이 누구의 것이든 간에 주역 속에는 동이족이 원시반본(原始反本) 한다는 즉, 한민족이 후천시대의 주역(主役)이 된다는 것을 밝히고 있다.

화산여(火山旅) 위는 불(火), 아래는 산(山)으로, 여(旅)는 여행, 집과 고향을 떠나 낯선 곳으로 가는 것 방황하는 나그네를 뜻한다. 태양이 산에서 떠서 산으로 지는 것은 나그네의 여정과 같으므로 여(旅)를 괘상의 이름으로 정하였듯이 우리 민족이 이 좁은 한반도 땅으로 나그네처럼 여행을 하였다는 것을 화산여(火山旅) 괘가 말하고 있는 것이다.

11. 주역(周易)은 우리 민족의 것이다

http://blog.naver.com/knightblack/12563712 ← 자료 있는 곳

중국의 기록에서 찾은 동이족(東夷族)에 관한 역사의 증거들을 확인하시고자 하는 분들께서는 지금 당장 중국 서점에 가셔서 널려 있는 저서 속에서 모두 확인 할 수 있을 것이다.

중국 민족의 조상은 동이족(東夷族), 3황 5제의 8대 임금도 동이족, 태호와 복희도 동이족, 황제 백민도 동이족, 은나라의 시조도 동이족, 요임금 황제 헌원의 5세 손 치우(천황)도 동이족 등등…….

철현이 학문적으론 50% 밖에 되지 않는 듯하여 정신세계를 알아보기 위하여 출가하여 현재 스님으로 묵언 기도 중에 있습니다.

철현 연락처 전화 번호 : 010-4569-4442
충청남도 천안시 성환읍 성완리 산 180-4 금강사
전화 : 041-581-3331

철현 합장!

제3부 사주편

* 사주편에 부치는 글

1. 대학원 박사 과정중
2. 상관견관이 통하지 않는 사주 올립니다
3. 주말부부
4. 살아온 운명과 올해의 세운은?
5. 상관견관
6. 쌍둥이
7. 질문과 답변
8. 합과 국의 성립 여부
9. 월 정관격
10. 궁합 좀 봐주세요!!
11. 언제쯤 풀릴까요?
12. 공부 열나게 잘 하는 사주
13. 두 사람의 부부인연과 부인의 부모운, 재운
14. 시험에 합격할 수 있을런지요?

15. 인쇄 및 광고(기술자)

16. 단명한 명조

17. 남편 복이 있을까요?

18. 새로운 일을 시작하려고…

19. 여기는 왜 아무 답변이 없는지?

20. 어떻게 풀어야 합니까?

21. 용신이 水일까요? 아니면 木火일까요?

22. 하늘나라 가신 분의 답변

23. 볼링코치 시험 될까요?

24. 구강 미생물 연구

25. 이혼할 운이 있는지요?

26. 이것이 인생이라면 차라리… 줄줄창

27. 남편 사업 때문에 고민

28. 의상 디자인이 나아 보이는데요?

29. 천간에 병화가 없어 아쉬운 사주

* 사주(四柱)편에 부치는 글

필자는 앞서 『술술읽다 보면 통달하는 사주』와 『극비전』이라는 두 권의 저서를 출간 하였다.

이 사주편에 기재(記載)된 내용들은 필자가 학회의 회원들과 인터넷상으로 주고 받은 질의와 응답에 대한 내용을 정리한 것이다.

이 내용들을 사주감정에 있어서 근원(根源)이 되는 10개의 격국으로 분류하여 그 중에서 정관(正官)격에 해당되는 사주들을 모은 것이다.

이를 시작으로 하여 나머지 격국에 대한 내용들을 계속하여 출간할 예정이다.

독자 제현들의 지속적인 관심과 성원을 바라는 바이다.

1. 대학원 박사 과정중

질 문

현재 대학원 박사과정에 재학 중이고,
약간의 아르바이트를 하고 있답니다.
남친과 궁합은 어떤지 좋은 인연이 될지. 앞으로의 운세 좀…….

답 변

대학원 박사 과정중

음력 : 1964년 12월 16일 평달	음력 : 1963년 02월 07일 평달
時 日 月 年 坤(39세)	時 日 月 年 乾(40세)
戊 壬 丁 甲	乙 甲 甲 癸
申 申 丑 辰	丑 辰 寅 卯
己 庚 辛 壬 癸 甲 乙 丙	丙 丁 戊 己 庚 辛 壬 癸
巳 午 未 申 酉 戌 亥 子	午 未 申 酉 戌 亥 子 丑
74 64 54 44 34 24 14 4	78 68 58 48 38 28 18 8

壬水 일간이 丑월에 태어나 正官격, 年支의 辰土와 時干의 戊土로 官殺 混雜格이다. 格은 혼잡됨을 忌하므로 混雜을 제거하여야 하는데, 木으로 제거해야 한다. 木을 찾아보니 年干에 甲木이 있어 승격이 되었다.

이제 日干의 입장에서 旺弱을 봐야 하는데, 年支의 辰中 癸水, 月支의 丑中 癸水, 日支와 時支의 申金이 있어 日干이 弱하지 않다.

甲木이 年支의 辰中 乙木에 通根되었고, 丁火 역시 辰中 乙木의 生을 받으며, 甲木의 생을 받으니 조후도 조금은 아쉬운 대로 갖추고 있다.

官인 戊土도 지지(地支)에 있는 것 보다 천간(天干)을 주도하는 것이 외형상 좋다.

이제 제일 마지막 중요한 것이 있는데, 그것이 무엇인가 하면 바로 약신(藥神)이다.

木이 用神이며, 水가 喜神, 金이 用神을 克하는 忌神, 土는 仇神이며, 火가 忌神인 金으로부터 木을 보호하는 藥神이 된다.

哲賢이 말하고자 하는 부분은 用神인 甲木이 천간(天干)에 있는데, 木을 克하는 金이 천간에 투출되지 않고 지지(地支)에 있는 것이 아름다운 구성이며, 그리고 미약한 丁火이긴 하지만 天干으로 金이 올 때는 甲木을 지키는 자기의 몫을 다 하니 좋다는 것이다.

이제 대운을 보자.

天干에서 用神인 甲木을 극하는 金이 오면 좋지 않다.

살펴보니 대운도 아름답다.

用神이 甲木이 되면 문화, 예술, 학술 방면의 食傷인 교육자가 좋다.

44세 까지는 水가 木을 生하는 대운 천간을 주도하니 아름답고, 辛未대운은 월간 丁화가 丁辛克하여 주니 무난하며, 庚午대운은 庚金이 甲木을 손상하나 丁火가 구원하니 대운이 좋다.

참!! 궁합이 어떤가 하고 물으셨지.

남친에 木이 왕창하니 用神이 왕창……. 한 마디로 끝내 주는군요. 토끼띠 木이지요. 일간 甲木 용신이지요. 사실 女命에 用神인 甲木의 뿌리가 약하여 조금은 아쉽다 했는데, 정말 죽이네요.

년지 寅卯辰의 卯辰합 좋습니다. 일간 壬水가 甲木을 生하여 주는 相生 관계이니 좋고요.

日支를 속궁합이라 하던가요. 申辰으로 半合이니 좋네요.

남친의 사주를 보면 地支 寅卯辰 方合에 천간 癸 甲 甲 乙로 全旺格으로 될 수 있는데, 에고 丑土가 그만 病이 되고 말았네요.

正格으로 가는가의 여부는 大運이 어디로 가는가에 따라 결정되는데, 대운이 38세부터 財官으로 흘러가니 全旺格으로 가지 못하고 正格으로 살아가야 한다. 그러므로 오히려 丑土를 살려서 財官의 공직 계통으로 財를 살려가는 은행, 금융 계통이나 금속 분야의 회사에 근무하게 된다.

왜냐하면 全旺格이 되면 火가 用神이 되어 교육자로 가야 되는데, 月支 장간의 丙火를 어디에 쓸 수가 있겠는가. 食傷을 살려가기는 틀렸으니 財를 살려가는 팔자랍니다.

여기서 잠깐, 만약 丑土가 없다면 극단적인 사주가 되어 大貴格

으로 가든가, 아니면 백수 내지는 단명(短命) 등의 극단으로 치달을 수도 있습니다.

아무튼 좋은 궁합입니다.

2. 상관견관이 통하지 않는 사주 올립니다

丙 甲 丁 辛　乾
寅 寅 酉 卯　52세

61 51 41 31 21 11 01
庚 辛 壬 癸 甲 乙 丙
寅 卯 辰 巳 午 未 申

질 문

傷官見官이 통하지 않는 사주 올립니다.
고시출신으로 현재 ○○청 고위직입니다.
꿈이 국회의원 출마인데 가능할까요?
과연 될까요?

답 변

丙 甲 丁 辛 ← 의문 → 乙 甲 丁 辛
寅 寅 酉 卯 ← 의문 → 丑 寅 酉 卯

61 51 41 31 21 11 01 52세 乾
庚 辛 壬 癸 甲 乙 丙
寅 卯 辰 巳 午 未 申

철현의 의문 제기 (1)

사주의 大運이 용신운으로 갔으므로 대발을 하였다고 할 수는 없지만, 그래도 고위직까지 무난히 갔다고 봐야 하지 않을까요?

철현의 의문 제기 (2)

그렇다면 위의 사주에는 食傷이 用神이란 뜻이 담겨 있는데, 상관 용신으로 고위직까지 할 수 있었겠는가?

철현의 의문 제기 (3)

식상 혼잡에 과연 청장(廳長)까지 가는 팔자라고 단정지어 볼 수 있겠는가?

철현의 의문 제기 (4)

正官格에 傷官見官인데 貴格 사주라 할 수가 있겠는가?

철현의 의문 제기 (5)

신문, 방송, 언론, 기자나 중·고등학교 선생님을 하셨다고 하면 몰라도…….

철현의 의문 제기 (6)

巳午未 南方운에 고위직을 하였다면 官이 忌神이 되는데, 과연 국회의원 출마가 가능한가?

많은 분들이 이미 좋은 의견들을 많이 올려 주셨기에 철현도 철현의 생각을 덧붙이고자 합니다.

이 사주가 이미 청장(廳長)이라는 답까지 나와 있는 상황인데도 철현은 아무리 인정하려 해도 인정을 할 수가 없네요.

그렇다고 하여 年月이 잘못 되었다 할 수도 없고, 日干이 잘못되었다고 할 수도 없겠고…….

이 사주를 설명하기 위해 기존의 傷官見官에 관한 학설을 폐기할 수도 없고…….

철현이 돌아버릴 지경이네요.

그래서 철현이 사주를 새로 세워 보았습니다.

이렇게 해야 조금이라도 이해가 갈 것 같아서 입니다. 질문하신 분이 그 분의 時를 알고 계신다 하더라도 시간상 조금의 오차가 있을 수도 있겠다고 철현이 우겨야 하겠습니다.

철현이 사주의 시를 일단 乙丑시로 세워 보았습니다. 그러고 보니, 甲木일간이 酉月의 가을에 찬바람이 불어오는 丑時 한밤중에 태어났네요. 그러면 아하! 傷官見官하려 해도 丁卯와 辛酉가 돌돌 꼬아 가면서 정답게 자라난 모습이 되네요.

왠가? 서로 꼬여 있으니 '傷官과 正官이 서로 죽고 못 사는 입장이다' 이렇게 볼 수밖에 없지 않을까요?

傷官과 正官이 개두(蓋頭) 절각(截脚)으로 머리를 내밀고 있고, 正官格이지만 甲木이 조후(調喉)를 필요로 하지 않는가요?

傷官, 창의성의 발로가 맞지요. 傷官이 喜神이 되어야 巳午未 운에, 아니 甲午대운에 고시 합격하여 癸巳대운 巳酉丑으로 官合하여 승진을 하고, 壬辰대운 酉辰으로 合金하여 계속 官으로 달려가게 되어 결국 고위직까지 간 것이지요.

그렇다면 丁火는 뭐냐고요?

아이, 물어볼 걸 물어 보셔야죠. 젊은 사람이 傷官, 즉 비상한 머리가 있어야 하지 않을까요?

다행스럽게도 대운의 壬癸가 傷官見官 하지 마라하고 지켜주니, 대운의 天干과 地支의 조화가 마치 한 폭의 그림이라 할까. 神이 아니고는 도저히 그려낼 수 없는 멋진 작품이네요.

역시 청장(廳長)까지 할만 하네요.

이제 국회의원 되시고자 한다고 하셨나요?

寅卯辰 東方지역 고향땅에 힘을 많이 쏟아 두었겠군요.

상관견관의 오만한 마음은 고향 사람들에게 나쁜 인상을 줄 수가 있겠군요. 壬午, 癸未년 고개 숙이고, 상관견관을 감추고 겸손하게 노력하면 甲申, 乙酉년에 官을 깔고 앉아 있으려나?

* 후 기

No : 9326 글쓴이 : 무언 시간 : 2003-04-21(월) 16:07:22
조회 : 69

철현님이 빡빡 우겼던 사주

전에 올린 사주인데 時가 틀렸다고
이번 제사때에 시어머니한테 확실하게 들었답니다.
어머니 JQ가 200이라서 확실하게 며느리한테도 공개 안함

저번 3월에 인사이동이 있었는데 같은 청장으로 갔고요(아주 끗발 있는 곳). 연구들 하세요.

철현님이 도사는 도사입니다.
틀린 時를 집어냈으니까요.

甲 甲 丁 辛 乾
戊 寅 酉 卯 52세

61 51 41 31 21 11 01
庚 辛 壬 癸 甲 乙 丙
寅 卯 辰 巳 午 未 申

3. 주말부부

질 문

인테리어 사업을 조그맣게 하고 있는데 앞으로 어떨까 싶습니다. 그동안 힘들었는데 이제 좀 풀리는가 싶기도 하고, 잘 될는지…. 주말부부인데 올해 합치려고 하는데 궁합은 좋은지요?

답 변

1970년 06월 15일 평달		1974년 02월 21일 평달
時 日 月 年 乾 34살		時 日 月 年 부인 30살
甲 己 癸 庚	← 궁합 →	辛 甲 丁 甲
戌 亥 未 戌	← 궁합 →	未 寅 卯 寅

辛	庚	己	戊	丁	丙	乙	甲	己	庚	辛	壬	癸	甲	乙	丙
卯	寅	丑	子	亥	戌	酉	申	未	申	酉	戌	亥	子	丑	寅
77	67	57	47	37	27	17	7	73	63	53	43	33	23	13	3

궁합이라 하셨나요?

남자 사주는 무난한 입장이라 보여지지만, 여자 사주가 문제이네요.

왜냐고요? 木이 다섯 개나 되네요. 너무 강하지요. 그러면 洩하던지 制하던지, 이도저도 아니면 강한 대로 따라가던지 하여야 할 것 같네요.

얼핏 보면 木은 火를, 火는 土를, 土는 金으로 五行이 돌아가니 무난하다고 할 수도 있겠지만, 철현이 누누이 이야기하듯이 팔자의 배치가 매우 중요합니다.

傷官이 地支에 있으면서 지지로 財를 生하고, 그 財가 다시 官을 生하여 가면 아름답습니다.

그런데 이 사주는 월간에 傷官인 丁火와 시간에 正官인 辛金이 동시에 나와 있지요. 서로 아껴야 할 오행은 天干과 地支로 자리를 비켜 앉아 직접적으로 서로 간섭하지 말아야 합니다.

이런 경우에는 비겁이 왕성하여 辛金으로 木을 다스리려 하는데, 丁화가 辛금을 克해 버리니 억울하다고 볼 수 있지요.

궁합을 물으셨지요?

여자 분은 木이 旺하니 木을 억제하여 줄 庚金이 멋져 보이고, 특히 辰戌丑未를 좋아하는데 庚辰생이니 아주 좋지요. 그리고 己土일간에 土가 많으니 한눈에 반했다고 볼 수 있네요.

남자는 인테리어사업 한다고요?

인테리어 사업하려면 나무가 많이 필요할 텐데…….

여자에게 나무가 많이 있죠. 특히 甲寅생이며, 부부궁인 日支가 寅亥합으로 좋습니다.

그리고 女命에 비겁(比劫)이 많으면 아버지가 건강하지 못하던가 해서 사실상 부모덕 보기는 힘이 들지만, 月支의 비겁(比劫)이 旺地이니 형제들은 자수성가 하겠군요.

아무튼 돈을 많이 벌려면 辰戌丑未가 팔자상에 많든지, 庚申의 강한 金이 있어서 다섯이나 되는 木을 다스릴 수 있다면 未토인 작은 재물이나마 내 것이 될 텐데, 시간에 있는 辛金은 辛酉로 뿌리가 있는 상태가 아니며, 지장간에도 통근처가 없이 무력합니다.

未土 아궁이에 장작으로 불을 지피니 辛金이 녹아내릴 지경입니다.

아, 그리고 辛金은 地支로 亥卯未 三合하니, 내 남편이 桃花살의 예쁜 卯木에 바람나지 않을까 모르겠네요.

남자에게는 인테리어용 작은 나무가 많이 필요한데, 甲寅의 통나무는 조금 부담스럽지 않을까 싶기도 하지요.

甲己합, 寅亥합, 천덕지합으로 사랑하는 마음은 애절하나, 함께 있으면 己토가 甲목을 부담스러워 하니 주말부부가 적당합니다.

그러나 남편 사주에 己토가 월령을 얻고 土旺에 財운 들어오니 앞으로 잘 살아가겠으나, 부인 사주에 亥卯未 삼합하니 주말부부로 너무 무관심해서도 안 되리라 보여집니다.

4. 살아온 운명과 올해의 세운은?

질 문

살아온 날들의 일들과
올해의 세운에 대하여 연구하여 보시죠.

1956. 9. 30. 인시 坤命

甲 癸 戊 丙
寅 酉 戌 申

68 58 48 38 28 18 8
辛 壬 癸 甲 乙 丙 丁
卯 辰 巳 午 未 申 酉

답 변

1956. 9. 30. 인시 坤命

甲 癸 戊 丙 ← 비교 → 乙 癸 庚 戊
寅 酉 戌 申 ← 비교 → 卯 亥 申 辰

68 58 48 38 28 18 8
辛 壬 癸 甲 乙 丙 丁
卯 辰 巳 午 未 申 酉

癸水 일간이 戌월에 태어나고, 月支 장간에서 戊土가 月干에 투

출하여 正官格으로 좋습니다.

女命에 官이 잘 나려고 하면 이렇게 태어나야 하지요.

正格은 順으로 간다는 원칙에 따라 印綬를 찾으니, 年支의 申金과 日支 酉金이 있어 昇格이 되었다.

그런데 조금 아쉬운 점은 時에 甲寅이 있어 正官을 노리고 있다는 점이다.

傷官이 正官을 보는 구조가 되니 甲寅을 다스려 주어야 한다.

地支의 寅木은 申酉金이 제어하니 충분한데, 天干의 甲木은 어떻게 할 것인가?

年干의 丙火가 투출하여 通關하는 구조인데, 일단은 甲木이 戊土를 克한 후에 丙화가 나서서 달래주는 형태라 보면 된다.

地支로 申酉戌 方合으로 印綬局을 이루고 있는데, 이 印綬局이 合을 하는가 못하는가 하는 부분을 조금 다루어 보아야 한다. 결론은 印綬局으로 合이 된다.

寅木이 있지만 옆으로 비켜 있으며, 中間에 위치한 것도 아니기에 合이 가능하다.

戌土가 戊土의 根이 되려는 마음을 지니고 있으면서 合을 하고 있는데, 寅木이 성질을 건드리고 있는 구조라 보면 된다.

그런데 申酉戌로 方合하였다 하여 日干이 强하다고 보면 절대로 안 된다.

그리고 寅木대운이 오면 申酉戌 方合을 깨고 문제를 일으킬 수 있다.

여기서 大運에 관한 이야기를 하고 가보자.

寅木이 運에서 午火가 오게 되면 月支 戌토를 유혹하여 寅午戌 三合으로 끌어가니 申酉戌의 方合은 깨어지게 되며, 더 나아가 寅午戌로 勢를 얻은 寅木이 午火의 힘을 믿고 金을 逆克하게 된다.

이렇듯 팔자상의 五行의 構成은 어디까지나 因子일 뿐이며, 大運에 따라 格이 變한다. 三合과 方合이 무너지기도 하고, 새로 생기기도 하기에 大運은 절대 무시해서는 안 된다.

이제 철현이 모델로 세워 놓은 자주와 비교를 한번 해 보자.

年이 戊辰으로 조상이 名門이며, 月이 庚申으로 名門, 즉 조상의 유업이 부모를 통하여 자신에게 넘어 오며, 자신은 유업을 잘 보존 하였다가 자식에게 넘겨주는 名門 중의 名門이다.

그에 비하여 이 사주는 조상과 부모는 名門이나, 자신은 代를 이어가지 못하고 비틀거리며 힘들어하는 상황이다. 甲木으로 내려 보내려 하니 힘든 상황이며, 年의 丙火가 丙午였다면 좋은데, 丙申으로 허리가 잘린 형태라 조금 아쉽다.

첫 번째, 月支 戌土는 丙火의 블랙홀이 되니 丙火의 빛이 약하다. 두 번째, 日干이 癸亥로 干支동 하지 못한 부분이며, 세 번째로 食神이 나오지 못하고 傷官이 干支同한 부분이다.

더 좋은 팔자를 생각해 본다면, 申酉戌 方局하여 日干이 약하지는 않기에 旺한 인수국을 조금 다스릴 수 있는 丙寅 정도가 된다면 더 아름답지 않을까 생각하며, 아니라면 乙卯가 되어 官을 손상하지 않는 것이 좋지 않을까 싶다.

이제 정리를 하여 보자.

古書에 이르기를 "月 正官에 時 傷官이면 가문을 더럽힌다" 는 말이 있기도 하다.

조상의 유업을 지켜가지 못한다고 하였다.

즉, 이명조는 五行周流하여 좋은 집안 출신이나, 申酉戌 方合으로 어머니의 영향력이 강하고, 丙火가 약하니 아버지의 영향력이 약하다.

순수하게 완벽한 印綬局이 아닌 正官格에 方合의 힘으로 中和를 잡고 있는 입장에 甲木이 戊土를 克하는 부분과 인수가 강한 부분을 丙火가 疏通시켜 中和를 이룬 팔자로서, 초년에 印綬운이 되어 공부를 잘 했고, 乙未대운은 未土를 蓋頭하여 관살혼잡을 제거하니 예술계, 의약분야, 교육분야에 종사한다.

사주상에 약한 財를 甲午대운에 寅午戌로 三合財局하니 많은 돈을 벌어 財生官한다. 다만 戊土를 甲木이 먼저 克하고, 財로 치유하는 격이라 남편을 조금 쥐고 살지 않을까 싶기도 하다.

癸巳대운은 대운이 甲午에서 癸巳로 넘어가는 접목운이다. 寅午戌의 三合이 풀려 印綬局이 다시 생겨나니 책이나 보면서 안정적인 가정생활을 하리라 보인다.

5. 상관견관(傷官見官)

庚 壬 乙 癸 1963년생 乾명
戊 申 丑 卯

66 56 46 36 26 16 6
戊 己 庚 辛 壬 癸 甲
午 未 申 酉 戌 亥 子

질 문

아버님이 일찍 돌아가셨으며…….
어머님이 현재도 식당을 하며, 가족생계를 이어가신다고 함.
지금까지 몇 번의 사업을 하였지만 실패의 연속이었고,
현재도 시골에서 농장을 하고 있는데 엄청 어렵답니다.

壬午년 戊申월 교통사고로 머리 외에는 거의 몸이 망가져 휠체어에 의지하고 있는 상태이며, 어머님이 병간호를 하고 있답니다.

육신으로는 거의 걷기에는 불가능한 상태이며, 몇 번의 수술도 했답니다.

월주 상관견관에… 년지 월지 상관견관되네요.

답변

1963년생 건명
庚 壬 乙 癸
戌 申 丑 卯

66 56 46 36 26 16 6
戊 己 庚 辛 壬 癸 甲
午 未 申 酉 戌 亥 子

壬水의 의무는 木을 키우는데 있는데, 이 사주는 丑月의 壬水이다.

月은 계절이라 했다. 丑土, 戌土가 있어 저수지에 꽁꽁 얼어버린 물에 制化되지 않은 중금속이 흘러 乙木 물고기가 乙庚合하여 죽어 버렸다.

원래 丙火, 아니 丙午가 필요한 팔자가 아닌가!

甲子, 癸亥, 壬戌 대운까지는 濁한 水이기는 하지만, 乙木으로 조금씩 흘러 숨통이 열렸다면 辛酉대운 酉金이 월지 丑土와 巳酉丑의 半合인 酉丑으로 合金하고, 日支 申金과 時支 戌土와 申酉戌 方合으로 從格으로 변하여 버린 것이다.

그리고 乙木을 辛酉가 乙辛克, 卯酉沖하니 가까스로 물에서 놀던 고기가 죽어 버렸다. 그러니 숨통이 완전히 막히게 된 것이다.

그런데 여기서 설명하고자 하는 부분은 비록 흙탕물일지라도 대운에 따라 乙卯로 흘러가는 正格으로의 흐름이 대운에서 辛酉를 만나면서 乙과 卯목이 충극되고, 金局을 형성함에 따라 壬水일간이 從旺格의 성격을 띠게 되는 부분이다.

즉, 辛酉대운이 오면서 관살혼잡격에 乙木의 傷官을 用하던 것이 從旺格으로 변해 버렸다는 말을 하고자 함이다.

그런데 壬午년에 午火가 와서 極旺해진 壬水와 한판 하자 하고, 午火가 金局과 한판 하자 한 것이라 보면 된다.

이는 大運과 歲運에 의하여 만들어진 작품의 결과이다.

易이란 運에 의한 다양한 변화가 오기에 大運을 잘 관찰하여야 한다.

大運과 年運에서 천태만상으로 변화하는 것이다.

6. 쌍둥이

질문

음력 : 1970년 08월 02일 평달
時 日 月 年 坤 33살

丁 乙 甲 庚
丑 酉 申 戌

丙 丁 戊 己 庚 辛 壬 癸
子 丑 寅 卯 辰 巳 午 未
78 68 58 48 38 28 18 8

이 분은 乙木이 申月에 태어나서 庚金이 투출하니 正官格이지만, 地支가 완전 申酉戌 方合으로 庚金이 투출하니, 내가 강하면 正官格인데, 내가 약하니 七殺化한 사주로 보입니다.

사주에 丁火가 없으면 從殺格으로 살아갈 명조이나, 大運이 從을 거부하고 制殺대운으로 흐르니 안타까운 사주로 봅니다.

乙木 또한 酉金을 뿌리로 생각하고 앉아 있으니 더욱 위태롭지 않나 생각하며…….

大運이 丙子, 丁亥대운으로 초년에 흘렀으면 하는 아쉬움이 남는 사주로 봅니다. 어떤가요?

時 日 月 年 坤 33살

戊 乙 甲 庚
寅 酉 申 戌

丙 丁 戊 己 庚 辛 壬 癸
子 丑 寅 卯 辰 巳 午 未
78 68 58 48 38 28 18 8

이 분은 윗분보다 寅木의 뿌리라도 있으니 그래도 조금 나아 보이지 않나 생각합니다만…….

답변

음력 : 1970년 08월 02일 평달
時 日 月 年 坤 33살

丁 乙 甲 庚
丑 酉 申 戌

丙 丁 戊 己 庚 辛 壬 癸
子 丑 寅 卯 辰 巳 午 未
78 68 58 48 38 28 18 8

乙木 일간이 申月에 태어나 月支 장간에서 庚金이 年干에 투출하여 正官格. 日支 酉金에 月支 申金, 年支 戌土로 申酉戌 方合하고, 時支 丑土를 巳酉丑의 半合인 酉丑 合金하므로 年干 庚金은 강력한 正官格이 되는데, 日干 乙木은 地支에 根이 없어 종을 하여야 하는 상황입니다.

그런데 時干의 丁火가 月干 甲木과 乙木에 의지하여 살아 있으니 從을 할 수가 없습니다.

그러니 食神 制殺格이 되군요. 님께서 말씀하신 대로 從을 하면 좋다 했는데, 철현의 생각도 마찬가지입니다. 그러나 팔자대로라면 從을 하면 좋을 것 같으나, 대운을 보면 차라리 食神制殺이 더 좋아 보이는군요.

왠가? 팔자는 從格을 갖추고 있는데 大運이 從을 거부하는 運으로 흘러가면 貴格 팔자를 타고났지만, 평생 별 볼일 없이 살아가는 破格의 命이 되고 마는 겁니다. 그러니 이 팔자는 食神制殺格이 오히려 더 아름다운 팔자이지요.

다만 조금 아쉬운 점이라면, 사실 食神制殺格에 日干이 根이 없는 것은 큰 문제가 되지 않는데, 철현의 생각으로는 月干 甲木이 조금 어리버리하고, 두 번째로 時干의 丁火가 根이 없다는 것이 조금 어리버리하군요.

그러면 어떻게 되면 좋은가 하는 것인데, 철현의 생각에는 時支에 巳火가 있었으면 합니다.

어째서! 어차피 年月日이 申酉戌의 西方 金局을 하고 있으며, 특히 日支에 酉金이 자리하고 있으므로 時가 丁巳時가 되면 時干 丁火는 丁巳로 旺하고, 巳火는 또 日支 酉金과 巳酉丑의 半合인 巳酉合金 한다면 정말 아름다운 한 폭의 그림이 아닐까 싶네요.

그런데 이 사주는 강한 金을 制하고자 하는 時干의 食神이 천리만리나 멀리 떨어진 年支 戌土의 藏干 丁火에, 그것도 너무나 약하게 통근하여 있으니 用神이 조금 약하다는 것이 문제입니다.

그러나 大運이 巳午未 南方 火運에서 寅卯辰 東方 木運으로 흘러가니 그나마 좋은 입장입니다.

여기서 좀 더 섬세하게 문제를 풀어 본다면, 大運 天干이 用神 丁火를 받쳐 주는 木火로 가 준다면 아름다운 팔자이겠지만, 大運 天干이 用神 丁火를 받쳐 주는 입장이 아니고 地支만 겨우 巳午未 南方에서 寅卯辰 東方으로 흘러가는군요.

이제 팔자를 대략 다 본 것 같네요. 從을 하지 못하는 팔자로서 官이 팔자에 病으로 나타나니 남편 복이 없는 팔자이구먼요. 그리고 食神으로 官을 制하고자 하니 맨날 첫날 싸워야 하는 팔자로 아름다운 팔자가 아니군요.

그리고 팔자도 문제이지만 확실히 制殺도 못하는 팔자로서 문제는 大運입니다.

왜? 어째서! 초년 壬癸水가 지나갈 때는 用神 丁火를 克하여 이도 저도 아닌 상태가 되고, 辛巳대운은 그토록 기다리고 기다리던 丁火의 뿌리인 巳火가 왔는데도 좋은 게 아닙니다. 왠가? 辛巳대운의 辛金이 丁火랑 한바탕 붙자 하는군요.

그리고 巳火는 이미 팔자 상에 있는 酉丑에 巳酉丑 金局으로 가 버리니 巳火가 酉金 하나와 巳酉로 半合 한 것과 巳酉丑으로 三合 金局을 한 것과는 하늘과 땅 차이지요.

用神이란 게 무엇인가요? 주인공이지 않은가요. 大將! 그런데 그 팔자를 이끌고 가는 大將인 用神이 초년부터 壬癸水에 터지고, 辛

金과 한바탕하고…….

이래 가지고서야 어떻게 지휘체계가 설 수 있겠습니까? 그러다 보니 밥 한다고 한 것이 삼층밥이 되어 버린 격입니다.

時 日 月 年 坤 33살

戊 乙 甲 庚
寅 酉 申 戌

丙 丁 戊 己 庚 辛 壬 癸
子 丑 寅 卯 辰 巳 午 未
78 68 58 48 38 28 18 8

이 팔자 申酉戌 方合에 丁火가 없으니 從을 하면 좋을 것 같으나, 역시 時支 寅木이 從을 못하게 합니다. 丁火가 나와서 制殺하자고 하지 않으니 위의 팔자보다는 좋다고 볼 수 있으며, 金을 성질나게 하지는 않는군요.

그러나 時支 寅木에 통근하여 고집은 대단합니다. 다만 從을 안 하려고 하는 그 부분이 문제라 볼 수 있네요.

아무튼 두 팔자가 모두 다 좋은 팔자는 되지 못합니다.

왠가? 위의 사주는 맥도 못추는 食傷이 너무나 강한 金을 制하고자 하였고, 밑의 사주는 申酉戌의 金局인 庚金 성질을 돋우지 않는 부분에서 조금 더 좋은 팔자라고 할 수 있네요.

7. 질문과 답변

時 日 月 年

丁 戊 癸 丁 ← 비교 → 癸 戊 丁 乙
巳 寅 卯 巳 ← 비교 → 亥 辰 巳 卯

乙 丙 丁 戊 己 庚 辛 壬
未 申 酉 戌 亥 子 丑 寅
76 66 56 46 36 26 16 6

戊土 日干이 卯月에 태어나 月支 장간에서 천간 투출이 없으므로 月支에서 格을 잡아 正官格. 正格은 順으로 가야 하지만, 日支 寅木이 하나 더 있으니 官殺混雜으로써 正偏을 制하고 가야 하는 것입니다. 관살혼잡을 制하고자 金을 찾으니 年支와 時支의 巳中 庚金이 있으나 생기다만 애기네요. 그러니 파격!

에고야!~~ 파격이라니요? 서운해도 할 수 없지 않는가요. 팔자는 팔자이니까요. 그렇다면 파격이라 하고 말 것인가? 아니지요. 이 세상에는 이것이 있으면 저것이 있고, 저것이 있으면 이것이 있기 마련입니다.

一次 用神은 庚申金이나 팔자 상에 庚申 金이 없어 이제 次用을 찾아야 하는 것입니다.

次用이라!!? 일단 次用을 찾기 이전에 먼저 철현이 모델로 세워놓은 사주와 비교를 조금해 봐야 겠네요. 철현이 모델로 세운 사주의 경우, 年 正官이 年支 卯木에 干支同으로 建祿, 月干 丁火가

月支 巳火에 旺, 日干이 辰土에 干支同, 財인 癸水가 時支 亥水에 통근하여 旺, 등등으로 모두 旺하군요.

여기에 비해 易人님께서 올리신 사주는 年 丁火 印綬가 丁巳旺, 月支 卯木은 천간으로 투출을 못하고 있네요. 그리고 月干 癸水는 年支 巳에 胎지, 월지 卯목에 長生, 일지 寅목에 沐浴, 시지 巳에 胎지 등등으로 사실상 無根…….

그리고 다음 日干 戊土는 年지 巳火에 祿, 月지 卯목에 沐浴, 日지 寅목에 長生, 時지 巳火에 祿 등등…….

다음 時干 丁火는 時支 巳火에 旺,

결국 日干은 月支를 失令하고, 日支를 失支하고, 年支와 時支에 祿을 얻었군요. 그러면 日干 戊土가 丁巳旺 丁巳旺 등등이 받쳐주니 弱變强이 되어 약하지 않게 생겼네요.

그러나 원칙은 분명히 있어야 하는구먼요. 무엇인가? 戊토는 弱합니다. 왠가? 月支가 辰戌丑未가 아니기 때문입니다. 그리고 日支도 辰戌丑未로 干支同된 상태가 아니니 일간이 극히 약합니다.

이제 본론으로 돌아와서, 二次 용신법에서는 庚申金이 팔자 상에 없어 강한 寅卯木을 억제하지 못하여 격이 많이 떨어진 사주를 通關용신, 殺印相生 용신법을 적용하니, 年 時干의 丁火가 둘 다 丁巳로 旺하여서 강력한 寅卯木을 泄하여 신약한 일간인 戊土를 生하기에 이차 용신으로 승격.

이제 님이 아리송해 한 부분, 요~것을 한번 찾아볼까요. 무엇이 문제였는가? 戊土 피부가 되나요? 강력한 寅卯木이 戊土를 克하니 戊土가 克을 받게 되어 얼굴에 문제가 생길 수 있겠군요. 그런데 어째서 壬寅대운에 문제가 생겼는가?

이 사주는 年時干 촛불 켜고 조상님께서 지성으로 공들여 낳은 자식으로, 특히 할머니 조상님이 돌봐 주는 팔자로서, 이 팔자 또한 戊土 癸水 合으로 合掌하여 촛불 켜고 선견지명을 얻는 팔자입니다.

그런데 壬水, 요~ 壬水가 丁壬合 하고 잡아버린 겁니다. 그리고 丁壬合하여 낳은 자식이 甲木이고요. 그리고 寅木에서 巳火로 돌아 丁火를 거쳐 戊土로 가야 하는데, 丁火가 발목 잡혀 답답해 하는군요. 그 틈을 타서 木이 戊土를 공격하게 된 것입니다.

그런데 다시 壬申, 癸酉년에 地支로 申酉金이 왔다고 성형 수술 했으나, 아뿔사! 천간으로 온 壬癸水 요것을 몰랐네요. 壬癸水를 피하여 수술을 하였어야 했는데. 쯔쯔쯔……. ^^

이제 정리를 하여야 할 차례가 되었나 보군요.

답변을 드립니다.
(1) 一次 用神 庚辛金입니다.
(2) 두 번째, 丙丁火이구요.
(3) 세 번째, 戊己土입니다.

그런데 이제 사실 이 팔자의 주인공인 戊土가 팔자 상에 弱한가, 强한가, 弱하지 않는가라고 묻는다면 이 팔자는 弱變强으로 中和를 이룬 사주입니다.

팔자상 病이 첫 번째 壬水가 病이고, 2번째 癸水가 病이며, 3번째 甲木이 病이며, 4번째 乙木이 病이며, 5번째 寅木이 病, 6번째가 卯木입니다.

왜 일까요? 사실상 甲乙木이 旺하여 病이 된 사준데 어째서! 어째서……. 甲乙木 보다 寅卯木 보다도 壬癸水가 病의 1, 2번을 다 차지했는가? 조금은 아리송하실 겁니다.

이미 팔자상 구성요소가 다 만들어져 있는 상태에서 甲乙木이 오면 쌍쌍파티 하고 있는 兩 丁巳旺이 殺印相生시켜 주기에 처음은 戊甲克으로 한방 먹으나 丁火가 甲乙 木의 氣를 泄하여 我를 生하여 주니, 처음은 비틀거리다가 보약 먹고 다시 건강해지는 양상입니다.

그런데 壬癸水는 어째서! 어째서…… 1, 2등을 다 차지하여 버린 것인가?

팔자 상에 이미 戊土가 寅卯木에 야단맞고 있기 때문에 안 좋은 운에서는 얼굴만 상하는 게 아니라 위장도 조금 상하니 먹어도 먹어도 살이 찌지 않고 소화 불량으로 설사가 잦았을 수도 있습니다.

이러한 연유에서 年 月의 할아버지, 조상님, 어머니, 삼신할머니에게 빌고 있는데, 壬水가 丁壬합해서 하지 말라고 말리고, 癸水가 와서 丁癸克 하니 양촛불이 바람 앞에 등불이 되겁니다.

그러니 팔자 상에 제일 나쁜 놈은 壬 癸水입니다.

이제 두 번째 정리를 해 드려야 할 차례이구먼요. 大運을 볼까요. 大運이 어디로 가고 있남요? 에고 무시라!! 亥子丑 北方 水運에서

申酉戌 金方으로 가고 있네요!

壬癸水가 무엇인가요? 財가 아닌가요? 아버지에 마누라에 돈이 아닌가요. 아~ 미쵸!!! ^^ 아부지 복 없고, 마누라 복 없고, 돈 복 없는 팔자가 아닌가요. 우야노!!!^^ 우!~~~하하하 하하하 ^^

그러나 天干은 天干이고 地支는 地支로서 조금은 난해하고 어려우나, 곱하기 나누기 또 한번 해야 하는 겁니다. 어째서! 地支로 오는 亥子丑운은 나쁘지 않습니다. 왠가? 마누라 복이 있어야 하고, 아버지 복이 있어야 하고, 돈복이 있어야 하기에…… 그러면 어떻게 되는 거냐고요? 天干으로 오는 壬癸水는 좋지 못한 것입니다.

이 팔자 올리신 분 壬午 癸未년에 공부 잘 안 되시겠구먼요. 그래도 올해 壬午년에 壬水가 丁壬合으로 잡아 버렸으나 午火가 寅木을 불러들여 寅午合하여 火로 돌아서니 월령인 卯木도 火로 그 기운이 약해지는 상태가 된다고 봅니다.

아무튼 壬寅대운이 다 지나가고 辛丑대운으로 들어와서 庚辰년부터 좋아졌다고 보시면 될 것 같네요. 왜냐하면 庚辰, 辛巳로 강력한 용신인 庚辛金이 와서 寅木을 혼내 주기 때문이죠.

이제 궁금증을 풀어 드려야겠군요.

地支 亥子丑 중 丑土는 戊土의 根이 되고, 子水는 水生木, 木生火하니 팔자 상에 없는 財가 와서 장가도 가고, 아버지의 사랑도 받고 돈도 벌게 되지요. 그런데 문제는 亥水입니다.

亥水가 年과 時支의 巳화를 沖하여 丁火의 뿌리를 흔들어 버리네요.

이 위기를 어떻게 하나요?

그러나 염려 마세요. 세상사에는 웃기는 일이 많습니다. 오늘의 동지가 내일의 적이 되고, 어제의 적이 오늘의 동지가 되기도 합니다.

저기 寅木을 한번 눈여겨 보세요. 어떤 존재였나요? 이 사주의 애물단지가 아니었었나요?

그 원수 같던 寅木이 亥水를 合하여 끌어 들이니, 巳亥충의 극단적인 위기는 모면하게 된다고 봅니다. 어떻든 간에 나쁜 놈이 좋은 일 한번 한 경우라 보면 되겠네요.

寅木이 丁火를 생각하거나 戊土를 위해서 한 게 아니라, 단순히 亥水와 사랑놀음 하다 보니 亥水가 한눈판 결과를 만들어 버렸다고 해야겠지요. 그러니 일간은 애물단지의 덕을 보게 된 셈이지요.

이제 壬癸水 大運이 다 지나 갔네요. 좋은 대운 만났으니 兩 丁火 밝혀 놓고 열심히 역학 공부하시는 겁니다. 祖上이 돌봐 주실 겁니다.

질 문

철현 선생님 안녕하세요!

선생님의 통변을 세심하게 해석하는 과정에서 제 삶에 비춰볼 때 풀리지 않는 부분이 있어 또 다시 실례를 무릅쓰고 글을 올렸습니다.

時 日 月 年
丁 戊 癸 丁
巳 寅 卯 巳

乙 丙 丁 戊 己 庚 辛 壬
未 申 酉 戌 亥 子 丑 寅
76 66 56 46 36 26 16 6

철현 선생님!……

선생님께서 辛금을 용한다고 하셨는데, 辛丑대운 초반 5~6년이 마음을 잡지 못하고 心身이 힘든 기간이었습니다.

그리하여 저는 대운을 5년씩 나누어 보고 丑대운에 들어와서야 안정을 찾은 것으로 보고 있었습니다. 또한, 한편으로 천간 庚辛과 지지 酉申이 상관견관(傷官見官)하고, 정관격의 격국을 깨뜨려 凶운이 아닐까 하는 마음을 은연중에 갖고 있었습니다.

선생님!……

(1) 辛이 用임에도 辛丑대운 초반 5~6년이 힘들었다는 것을 어떻게 이해해야 할지 난감합니다. 이것은 선생님께서 大吉하다고 말씀해 주신 庚子대운에서도 이러한 현상이 나타날까봐 솔직히 걱정이 되는 부분입니다(물론 철현 선생님의 가르침을 믿습니다. 제게는 무척 힘이 되는 말씀입니다).

(2) 지난 壬申, 癸酉년과 올해 壬午년을 비교해 보면 壬午년이 훨씬 삶이 안락하다는 느낌을 갖게 됩니다(癸酉년 甲子월에 수술하여 病을 고친 것은 분명하나 壬申, 癸酉년 내내 침체되고, 상처

받는 힘든 나날이었습니다).

혹 철현 선생님의 말씀대로 金이 용신임에도 불구하고 지지(地支)로 오는 申, 酉운은 吉보다는 凶의 의미가 더 많은 것인지 알고 싶습니다.

지금 위에 선생님께 말씀드린 부분은 역학을 공부하고 상담을 받아 오면서도 오랫동안 풀리지 않았던 화두입니다. 불편을 드리지 않기 위해 일찍이 여쭤보았어야 했으나 명조의 큰 윤곽을 먼저 알아나가다 보니 미처 문의 드리지 못했습니다.

선생님께 배움의 은혜를 받고 다시 또 가르침을 청한다는 것이 예의에 크게 어긋나는 것임을 알면서도 너무나 알고 싶은 마음에 큰 갈등과 망설임 속에 글을 올렸습니다.

철현 선생님! 이 부족한 후학이 혜안을 가질 수 있도록 가르침을 부탁드립니다. 가슴깊이 알고자 하는 절실함을 느끼며, 후학이 철현 선생님께 간청드립니다.

답변

一次 용신인 庚申金이 없기에 二次 용법으로 殺印相生으로 돌려 가는 입장입니다. 地支로 寅卯木이 旺하여 일간 戊土가 얼굴이 어떻고, 위장이 어떻고 했지만 亥水가 왔을 때는 寅亥합이 있어 丁火를 살릴 수 있다고 하였습니다.

그러나 아무리 용신이라고 하나, 지금 당장 의지하고 있는 丁화를 丁辛극 하게 되면 안절부절 못 하는 게 되는 것 아닌가요?

사실 팔자 상에 病이 地支에 있기에 地支로 申금이 와서 직접적으로 병을 치료하고, 天干에 病이 있다면 天干에서 病을 치료하게 되지 않는가요?

그런데 사실 病은 地支에 있기에 地支로 申酉금이 와야 하는 것이 아닌가요. 여기서 또 하나, 사실 申금과 酉금이 용신이 되어 地支로 오면 좋겠죠. 그러나 한 가지만 생각하면 안 됩니다. 왜가? 易은 刑沖破害 合으로 여러 양상들이 이어나는데, 申酉가 와서 强한 木을 沖하긴 하나 사실 申酉가 안절부절 못하게 하는 부분도 있지 않을까요?

왜가? 巳申合水 하고자 하는 申金의 작용과 巳酉丑 金局으로 가고자 하는 성질을 가지고 있으므로 단편적으로 寅申충 卯酉 沖으로 길하다 하기 이전에 合하고자 하는 성질 있음을 알아야 합니다. 이때도 合하고자 하는 것을 沖이 시비를 걸어 合하고자 하지만 合을 못하게 하지 않나요. 그러니 결과적으로 適이 合해서 도와주고, 沖해서 자신이 깨어지면서도 끝까지 日干 戊土를 도와주려고 하는 결과가 되는 것입니다.

易이란 이렇게 재미가 있죠.

하나의 公式만 생각하면 안 되는 것입니다. 四通五達, 이것이 있으면 저것도 있다. 두루두루 생각을 골똘히 해 보시도록 하세요.

그리고 庚子대운의 丁庚克은 없는 것으로 알고 있습니다. 열심히 하셔서 四通五達 하시길 바랍니다.

8. 합(合)과 국(局)의 성립 여부

時 日 月 年
丁 戊 乙 癸
巳 子 卯 亥

63 53 43 33 23 13 3
壬 辛 庚 己 戊 丁 丙
戌 酉 申 未 午 巳 辰

질 문

철현 조성화님 그리고 여러 선생님들 안녕하세요. 위에 명조는 여자의 사주로 명리요강에서 발췌한 것으로 예전에 격국에 대한 문의를 드렸던 적이 있었습니다……. 명리요강에서는 인수격으로 해석하고 庚申, 辛酉대운 20년을 강한 木殺을 극제하여 일간을 보호하는 吉운으로 논하고 있습니다.

그런데 의문이 가는 것은 申대운은 巳申合하고, 申子水局을 이루며, 酉대운은 巳酉 반합하여 金局을 형성하여 용신 丁巳의 근을 없애는데, 과연 申酉운이 殺을 극제하고, 일간을 강하게 하는 길운이라 할 수 있나요?

명리요강 통변과 여러 식상제살의 통변(관살만 극하면 길하다고 봄)에서는 合과 局을 염두 하지 않은 경우가 많아서 어디에 중심을 두고 명조를 해석해야 하는지 너무 난해합니다.

어떤 분은 巳酉반합은 干에 水가 동할 때만 이루어진다고 말씀하시는데, 이런 이론이 실제로 맞는 것인지도 궁금합니다. 혹 合과 局의 형성과 적용이 월, 일, 시, 년 순서 등으로 우선 순위가 차례대로 정해진 것인지요?

철현님과 여러 선생님들께 조언을 부탁드립니다.

답 변

合과 局의 성립 여부…….

시 일 월 년

丁 戊 乙 癸 ← 비교 → 癸 戊 丁 乙
巳 子 卯 亥 ← 비교 → 亥 辰 巳 卯

63 53 43 33 23 13 3
壬 辛 庚 己 戊 丁 丙
戌 酉 申 未 午 巳 辰

일단 古書에서 발췌한 팔자도 상당히 좋은 팔자입니다. 그런데 철현이 모델로 세운 팔자와 한번 비교를 해 봅시다.

철현이 세운 팔자에서 보면, 官은 일단 日干을 克을 하는 입장이기에 年干으로 가는 것이 좋다고 봅니다. 그리고 그 官이 印綬를 生하여 주고, 그 日干은 旺한 氣를 다시 時의 食傷으로 설하여 가든가 아니면 財로 中和를 맞추어 가면 금상첨화라 할 수 있겠지요.

그런데 古書에서 발췌한 이 팔자는 年에 財가 干支同으로 旺하고, 그 旺한 財가 月의 官을 生하여 官이 무척 旺한 입장이 되네요. 그런데 日干은 子水에 착근하여 철현이 세운 팔자 戊辰와 비교하면 일간이 이미 中和가 깨어져 버렸네요. 그런데 時干 丁巳 印綬가 戊土를 生하여 주니, 日干이 印綬에 의지하게 된 입장이다. 이렇게 되네요.

여기에서 세부적으로 분석을 하기 위하여 철현의 0.333법칙이 필요하게 되는데, 먼저 易에 필요한 四通五達이라는 이 문구가 들어가야 하게 생겼네요.

일단 正格은 順으로 간다. 이유인 즉, 正은 일단 加工된 입장이고, 偏은 加工하지 않은 것이 됩니다. 그러니 加工한 것은 바로 商品化되지만, 加工하지 않은 물건은 일단 가공해야 하는 노력이 필요하지 않겠는지요.

그러니 正과 偏을 가려야 하는 이유 중 하나가 됩니다.

두 번째, 아무리 돈이 좋다 하지만 감당하지 못하는 돈은 오히려 病이 된다고 보아야 합니다. 왠가? 我旺하고 財旺하면 巨富가 되겠죠. 그러나 我가 弱하고, 財가 旺하면 빚쟁이가 되겠죠. 그리고 그 旺한 財가 다시 官을 生하게 되면 아무리 좋은 官이라 하더라도 極旺해지게 되어 我를 克하게 되어 病苦에 시달리게 되는 결과를 초래하게 됩니다.

그러니 아무리 좋은 正財와 正官이라 할지라도 신약한 戊子 일주에게 있어 癸亥와 乙卯는 감당하기 힘든 존재입니다. 이때 만약 時에 丁巳가 없다면 從格으로 생각해 볼 여지가 있겠지만, 時에 丁巳가 있어 從을 하는 입장은 아니니, 아무튼 財와 官이 부담스러운 존재가 되어 있지요.

이때 우리가 생각하여 볼 수 있는 것은 財가 病인가 官이 病인가 하는 것입니다. 왜? 둘 다 病이긴 하지만, 그 중에서도 어느 것이 더 病이 되는 것인지를 가려내야 하는 부분에 철현의 0.333법칙이 필요한 것입니다.

일간이 身弱하고 日支 子水에 癸亥로 인수를 극하고 있는 財가 一次 忌神에 해당하지 않는지요. 그러나 이것은 일차 방정식인 단편적 판단법입니다. 財는 다시 官을 생하고 있지요. 그렇다면 그냥 財官이 나쁘고, 印比가 좋다고 해버리면 아주 간단하겠죠.

그러나 이것은 어정쩡하게 대충 얼버무리는 입장이기에 철현의 생각에는 보다 더 정밀하게 가려내어야 하지 않겠는가 하는 것입니다. 왠가? 金의 작용은 어떻게 볼 것인가? 지금 질문하신 분의 의도나 궁금증도 바로 金의 작용 이 부분에 대하여 古書에 왜 명확히 밝혀 놓지 않았느냐 하는 것이군요.

金의 작용에 대하여 궁금하여 질문을 하셨는데, 철현의 사통오달 0.333법칙은 이와 같이 古書에서 이해하기 좋게 설명되지 못한 부분에 대하여 세부적으로 명확히 밝혀 주는 학술이라는 것을 알아주시면 되겠습니다.

이제 다시 본론으로 돌아와서 봅시다. 여기서 억부법 논리의 문제점으로 나타난 財旺 官旺한 부분과 順으로 가야하는 이론 등등… 혼란스럽지 않은가요? 그리고 억부의 이론대로 印綬가 用神이면 金水木이 忌神, 火土가 喜神, 이렇게 정리되겠군요. 그리고 印綬가 用神이면 官은 印綬를 生하여 주는 喜神이 되는 것이지요. 이렇게 되고 보면 혼란과 혼란 속에 헤매일 수밖에 없지 않는가요?

이렇게 된 입장에 각 오행의 위치 중 月令은 格局인데, 格局을 누가 占有하고 있는가 하는 부분에서 格局의 논리가 성립되게 됩니다. 그렇다면 그 억부의 이론과 격국의 이론이 갈라지게 되는 입장에 서게 되지요.

格局의 논리는 철현이 항상 이야기 했듯이 계절입니다.

오늘 아침 눈이 내리고 있네요. 팬티에 런닝차림으로 하루만 나가서 살아 보시기 바랍니다. 格局의 위력을 실감하실 것입니다. 이렇든 그 旺한 水의 財氣가 月令인 月支로 다 모여 버린 상태입니다. 이는 때리는 시누이보다 말리는 시어머니가 더 밉다는 이치, 즉 財生官하여 시누이를 말리는 척하면서 오히려 부추기는 것과 같습니다.

결론은 월령의 입장이 매우 중요하기에 철현이 官을 年으로 보내고, 印綬를 月支로, 그리고 財나 食神을 時로 보내버린 이유를 아실런지요?

이와 같이 日干이 弱한 입장에 財도 忌神, 官도 忌神인데, 더 중요한 것은 月令을 占하고 있는 正官입니다.

여기에서 철현이 하고 싶은 말 "道를 얻지 못한 것도 病, 중화를 잃어버린 것도 病, 인정하지 않는 것도 病, 인정하는 것도 病, 있는 것도 病, 없는 것도 病, 투출한 것도 病, 투출하지 못한 것도 病, 통근한 것도 病, 통근하지 못한 것도 病, 많은 것도 病, 적은 것도 病, 먼 것도 病, 가까운 것도 病, 합된 것도 病, 합되지 못한 것도

病, 충 된 것도 病, 충 되지 못한 것도 病, 통관되는 것도 病, 통관되지 않는 病, 조후를 인정하지 않는 것도 病, 억부를 인정하지 않는 것도 病, 병약을 인정하지 않는 것도 病, 격국을 인정하지 않는 것도 病"이다.

病을 알면 藥은 쉽게 알 수 있다. 잘난 자는 잘 났기에 病, 있는 자는 있기에 病, 아는 자는 알기에 病, 알지도 못한 것도 病, 있지도 않은 것도 病, 잘나지 못함도 病인 것이다.

그러니 0.333을 동원하여 초정밀 감정을 하여 본다면 乙木이 조금 더 旺하다. 즉, 旺한 正官은 印綬를 生하기 이전에 戊土를 먼저 극하게 되니, 戊토 입장에서는 남편에게 시달리다가 친정에서 위안을 받는 입장이다. 이렇게 보면 되겠네요.

이와 같이 아무리 잘 다듬어진 正官일지라도 中和가 깨어지면 호랑이처럼 됩니다. 그러니 그 正官을 막아내는 방법에 印綬로 相生하는 방법과 食神으로 克하여 막아내는 방법이 있습니다.

이 사주에서는 食傷인 金이 一當百의 역할을 하는 좋은 존재라고 볼 수 있습니다.

9. 월 정관격(正官格)

時 日 月 年

甲 甲 己 丁 (坤命)
子 午 酉 酉

36 26 16 6
癸 壬 辛 庚
丑 子 亥 戌

질 문

위 명식의 격용이 궁금합니다. 누군가 년간 정화 상관을 용한다고 하는데… 지가 봤을 땐 정관격에 상관을 보면 파격이 되는데, 곤명에 년지 상관견관(傷官見官)… 월지 정관 일지 상관 관이 발붙일 곳이 없어 보이는데, 상관격이라 여자 팔자 애구 하고 신세타령하게 생겼네요.

먼저 월 정관격(正官格)에 상관이 병으로 작용하여 인수를 쓰면 되지 않을까 하는데요?

답 변

甲 甲 己 丁 ← 비교 → 己 甲 癸 辛
子 午 酉 酉 ← 비교 → 未 寅 亥 酉

36 26 16 6

癸 壬 辛 庚 (坤命)

丑 子 亥 戌

여명이라!!! 흠흠흠……. 월지 正官格이군요. 正官格에 身强 身弱을 논하려 하신다면 철현이 옆에 세워 놓은 모델 사주와 비교하여 보시고요. 正官이 이왕 두 개가 있으려면 간지동하면 좋겠다 싶군요. 아무튼 이 역시 혼잡은 혼잡이라고 보아야 하겠네요. 그나마 官殺로 혼잡된 것 보다는 아름다운 입장이라고 보여 지네요.

일단 正官格에 官이 둘이니 年干의 丁火로 하나를 制하면 좋아 보이는군요. 그러면 월지 正官만 남았다고 하면 되려나?

어떻든 간에 철현이 세운 모델 사주와 비교를 해보니 영 마음에 들지가 않네요.

年支 正官에 年干에 傷官이 蓋頭하였으니, 할아버지 때 양반이었으나 죄를 지어 귀양 간 집안이다 이렇게 해석해 볼 수 있겠네요. 그리고 月干 正財, 月支 正官으로 아버지 때에 家門을 다시 세웠다고 하면 될까요? 에고! 日支에 傷官이 있군요.

다시 자신이 가문을 더럽히게 되고, 時支에 印綬인 子水가 있으니 末年에는 자식이 다시 가문을 생각한다 하여야겠네요.

格局 논리로 正官格에 반드시 있어야 하는 것이 印綬와 財가 됩니다. 사실 사주 격국에 대하여 이렇고 저렇고 이야기하기는 쉽지만, 이런 사주와 같이 정말 어리버리한 입장에 처한 사주에 대하여서는 이야기하기가 어렵지 않나요?

正官格이 혼잡되었기는 하나, 월지 正官에 일지 傷官이 있는 것이 마음에 걸리는군요. 왠가? 正偏官이 혼잡되었으면 傷官을 봐도 무방하지만, 損傷을 잘 입는 正官의 입장에서는 食神이 하나만 있다면 좋게 봐 주겠는데, 왠지 丁火 傷官이 그리고 그 傷官이 하필이면 日支에다 根을 두고 있는가 하는 부분이 조금 마음에 걸리네요.

그리고 月干 正財가 있어서 傷官은 財를, 財는 官을 생하여 오행이 주류하니 그래도 봐 주려고 하는데, 日干 甲木은 왜 己土을 甲己合하여 傷官이 官을 능멸하게 하는지 모르겠네요. 욕심 많은 女命이 傷官見官 하려는 것을 모르나 봅니다.

時의 甲木이 언니의 破格을 됨을 막아 주어야 한다는 일념으로 甲己 妬合하여 不合으로 만드는데, 동생보다 생각이 좁아서야 어디에다 쓰나요. 正官이 둘이고, 甲木이 둘이니 하나씩 맡아서 시집가면 딱이잖아요.

이제 사주 다 본거네요!

이 사주는 病을 따지기 이전에 복잡합니다. 팔자는 因子이니 大運에 따라 病이 발생할 수도 있고, 안 할 수도 있겠지요. 天干으로 乙木이 오면 乙己克하니 傷官이 己土 財가 없어진 틈을 타서 正官을 한방 먹이겠군요. 癸水가 오면 역시 癸己克하니 丁火가 한방 하려다가 癸水에 克을 받으니 무난하지만, 地支로 午火가 와서 子午沖하면 午火가 酉金을 무시하게 생겼네요.

大運이 무난히 지나간다면 日支 午火 도화살이니 예쁜 각시로써 사랑받고 살아가게 되고, 運에서 傷官見官하게 되면 日時支의 桃花는 울밖에 핀 꽃으로, 먼저 꺾는 사람이 임자라 하였는데…….

10. 궁합 좀 봐주세요!

질 문

우연히 다시 들렀는데 아래 철현님의 평을 보았습니다. 우선 감사드리며, 다름이 아니라 선을 보았는데 여자 분하고 궁합이 궁금해서(궁합은 잘 믿는 편은 아니지만 궁금하네요)…… 시간 나시면 간단히 평해주시기 바랍니다.

남자 : 1969년 4월 11일(음력) 태어난 시간 오후 11시 40

여자 : 1971년 9월 30일(음력) 태어난 시간 저녁 6~9시 사이

답 변

時 日 月 年

戊 辛 己 己　　← 궁합 →　　丁 丙 己 辛
子 丑 巳 酉　　← 궁합 →　　酉 午 亥 亥

辛 壬 癸 甲 乙 丙 丁 戊　　丁 丙 乙 甲 癸 壬 辛 庚
酉 戌 亥 子 丑 寅 卯 辰　　未 午 巳 辰 卯 寅 丑 子
77 67 57 47 37 27 17 7　　77 67 57 47 37 27 17 7

(1)

남자는 보석으로 丙火에 빛나길 원하며, 물로 씻어서 土에 埋金됨을 원치 않는 관계로 日干은 丙火에 빛나고자 하며, 年支 辛亥生은 金에 묻은 흙을 물로 깨끗이 씻고자 하니, 원하는 궁합법에 들어 있다고 볼 수 있네요. 女命에 丙午 羊刃에 약하지 않으며, 통관용신으로 金을 원하기에 己酉생에 인연이며, 辛金 일간이니 원래 여성은 보석에 약한 게 아닌가요.

(2)

남자는 차고 냉정하며, 꼼꼼하고 까다롭고 이기적이며, 쫀쫀한 반면에, 여명은 터프하고 부풀리는 성격으로 과장성에 호언장담으로 남 앞에 나서기 좋아하며, 불같이 급한 성격이 5분도 못 가는 성질로 남녀가 공히 팔자가 서로 바뀌어야 할 것 같네요.

(3)

음양의 법칙에 따라 한 사람이 陽的이면 한 사람은 陰的이 되어 조화가 되며, 한 사람은 속 터지는 사람이고, 한 사람은 성질 건드리면 폭발하는 사람이니 서로 부딪힐 일이 별로 없어 좋아 보입니다.

(4)

남자 대운이 좋고, 壬午년 물로 씻겨 빛나고, 장가 갈 좋은 운이군요. 여자는 地支에서 天干 투출한 壬午년 官을 보니 시집갈 때가 맞는 것 같네요. 辛亥월 결혼하면 좋을 것 같군요.

11. 언제쯤 풀릴까요?

(음력) 1973. 12. 12 = (양력) 1974. 1. 5

癸 丙 甲 癸 여(30세)
巳 午 子 丑

80 70 60 50 40 30 20 10
壬 辛 庚 己 戊 丁 丙 乙
申 未 午 巳 辰 卯 寅 丑

질 문

고등학교를 졸업한 후 공부보다는 사회생활이 최고라며 대학진학을 포기하고 메이크업, 피부미용, 제빵사, 놀이방 선생님…… 다양한 분야의 직장을 전전하였으며, 성실하기는 하나 한 가지 일에 집중하지 못 하는 것이 탈입니다.

그래도 20대 후반에 유럽으로 유학하여 영국에서 영어 공부하다가 2000년 가을에 현재 남편을 만나 결혼하여, 아이는 작년 辛巳년 8월에 낳고, 올해 1달 전쯤에 돌아왔습니다. 남편(한국에서 일반대학 졸업)도 영국에서 컴퓨터 전공 후 돌아왔는데……. 직장도 안 잡히고 시어머님 시집살이가 대단합니다.

언제쯤 직장 잡고 안정을 취할까 궁금합니다.

(양력) 1969. 05. 20 = (음력) 1969. 4. 5

時 日 月 年 남편 (34세)
0 乙 己 己
0 未 巳 酉

75 65 55 45 35 25 15 5
辛 壬 癸 甲 乙 丙 丁 戊
酉 戌 亥 子 丑 寅 卯 辰

답 변

癸 丙 甲 癸 ← 비교 → 辛 丙 乙 癸
巳 午 子 丑 ← 비교 → 酉 午 卯 亥

80 70 60 50 40 30 20 10 여(30세)
壬 辛 庚 己 戊 丁 丙 乙
申 未 午 巳 辰 卯 寅 丑

이 사주는 格局을 떠나서 丙午일주가 時에 巳火가 있어 日干이 약하지 않습니다. 大運의 天干으로 丙火가 오니 우쭐해 한 것입니다. 身弱命은 印綬가 어디 있는가를 찾아야 하는데, 이 사주는 身旺한 입장에서 大運 天干으로 丙火가 오니 泄할 자리를 찾고자 한 것입니다.

그리고 남자를 우습게 보는군요. 무슨 말씀인가 하면, 20살이면 무서운 것이 없는 나이입니다. 특히 丙午 日干쯤 되고 보면 말이죠.

요!~ 아가씨 마음씨 한번 볼까요? 年支가 初年인데, 初年에 傷官이 官을 보니 官이 우습게 아니 세상이 만만하게 보이질 않겠는가요?

丙火 5년이 지나고 있고, 傷官으로 세상이 만만하게 보여 천방지축으로 뛰었으나 丙火의 한 성깔 하였다고 봅니다. 寅木이 오니 자중하게 되네요. 즉, 傷官의 기세가 寅木으로 꺾이게 되고, 偏印이 되니 외국에 가서 외국어 배우는 것이 맞네요.

그런데 여기서 다시 한 번 돌아봅시다.

이 아가씨가 왜 천방지축으로 뛰게 되었을까요? 子午충이 있으니 生財官하고 싶었던 것입니다. 그러니 傷官으로 뛰고 굴러본 겁니다. 그러다가 財가 마음대로 만들어지지 않는다는 것을 깨닫고 자중하게 된 거지요.

이 여자 분은 돈이 있어야 행복합니다. 그런데 팔자에 財가 없네요. 財를 만들려면 傷官이 먼저 나서야 하고, 傷官이 나서면 官부터 능멸하게 되고, 그 다음에 財가 발생하나요.

동물이 자연에 대처하고 적응하여 가듯이 인간도 자신의 운명을 대충 알고 있습니다. 팔자에 甲木이 약하니 木이 用神 같으나, 사실상 본인이 旺하니 木이 필요한 것이 아니고 財가 필요합니다.

돈 있으면 시집살이가 편한데…… 친정에서 가져오던가, 癸未년 年支의 傷官이 丑未충하니 일하러 나가겠네요. 꼬맹이들 영어 가르치는 아르바이트를 하면 될 것 같네요.

시 일 월 년 남편 (34세)

0 乙 己 己
0 未 巳 酉

75 65 55 45 35 25 15 5
辛 壬 癸 甲 乙 丙 丁 戊
酉 戌 亥 子 丑 寅 卯 辰

요점만 이야기 합니다. 乙木이 寅卯辰 木을 원하느냐 印綬를 원하느냐 둘 중 하나입니다.

大運 地支로 寅卯辰 木이 왔으나, 이는 자신의 뿌리일 뿐, 天干에 甲木이 없기에 寅 大運 자신의 힘으로 天干 丙丁화로 힘을 빼고 있지요. 電子인 丙화 따라 힘들게 水旺한 나라에 가서 공부한 것으로 봅니다(時를 모르는 상태이지만, 甲木이 時干에 투출했다면 일반대학에 다니지 않았을 겁니다).

철현이 지금 중요한 부분을 이야기 하고자 합니다. 철현은 지금 대운을 보지 않고 이야기하고 있습니다. 지금 乙丑 大運의 接木運에 처해 있지 않는가요?

大運의 接木운은 지금까지 살아온 모든 것을 정리하고 새로 시작한다는 것, 접목 亥子丑 印綬운이 와야 부모 형제의 편한 자리로 찾아와 살아가는 것이 아닌가요?

비겁(比劫)이 자신의 의지, 즉 자신의 기운만으로서 하고자 하는 의욕이라면 水가 印綬니 인수가 와야 부모형제와 편하게 살지 않겠나요? 내년부터 運이 바뀌면서 좋은 운이 들어온 것입니다. 大運

이 100이라면 年은 10 정도의 氣運으로 보시면 됩니다.

癸未년 立春부터 취직이든 사업이든 시작하여 점차 발전하여 가게 됩니다. 자기 사업할 가능성은 乙木의 자신감, 財인 자기 사업, 印綬인 亥子丑 北防 水運으로 가므로…….

12. 공부 열나게 잘 하는 사주

年 月 日 時

丙 壬 辛 丙
午 午 丑 辰

己 戊 丁 丙 乙 甲 癸 壬
酉 申 未 午 巳 辰 卯 寅
73 63 53 43 33 23 13 3(乾 27세)

질 문

고등학교때 공부를 너무 잘 하던 아들입니다. 전국 5위 안에 들었고요. 엄마가 보기에도 秀才가 아닌 天才입니다. 특히 수학 실력은 세계적(?)인 수준이라고 생각하는데 어떻게 보세요?

제가 볼 때는 용신기반 하격인데요.

답 변

丙 壬 辛 丙 ← 비교 → 丙 壬 辛 己
午 午 丑 辰 ← 비교 → 午 子 酉 未

己 戊 丁 丙 乙 甲 癸 壬 (乾 27세)
酉 申 未 午 巳 辰 卯 寅
73 63 53 43 33 23 13 3

우선 기본적인 격국 논리로 살펴봅시다. 壬水 日干이 丑월에 태어나 월지 장간에서 辛金이 月干에 투출하여 印綬格입니다.

月支는 부모에게 물려받은 因子로서 月支 正官格. 年干에 辰土가 하나 더 있어서 官殺 混雜格. 혼잡을 制하고자 木을 찾으니, 年支 辰중 장간에 乙木이 하나 있으나 아주 弱하다. 그러니 正偏官 혼잡격에 혼잡을 제거하지 못하니 破格이 된다.

그렇다면 印綬格에 관하여 다시 한번 봐야겠습니다.

印綬는 我를 生하여 줄 중요한 요체입니다. 그런데 印綬가 바람이 나버렸네요. 丙火가 辛金을 보고 "이리 오너라"한 것입니다. 그러니 의리 없는 엄마가 壬水를 生하여 줄 의무를 잊어버리고 사랑을 찾아서 간 것입니다.

그래서 壬水가 辛金의 生을 받기 위해서는 丙辛합을 막아줄 누군가의 도움이 필요한데, 주위를 돌아보니 아무도 없지요. 그러니 파격입니다.

이 자료 올린 분도 본인이 아무리 보아도 파격인데, 우째서! 우째서 수학에 천재성을 가졌는가? 도무지 이해가 가지 않는다고 하시네요. 맞아요, 맞죠……. 철현이 봐도 파격인데, 우째서 수학을 잘하는 천재일까요?

다시 배를 쫙 갈라서 다시 한번 들여다봅시다.

일단 水가 하나에 木이 없고, 火가 네 개에 土가 두 개, 金이 하나, 대충 이 정도이네요.

그렇다면 지장간도 다 끄집어내어 봅시다.

어째서! 어째서! 破格된 사주가 천재인가? 午중에 丙己丁으로 火土가 와글와글 하네요. 日支도 丙己丁 月支 丑中 癸辛己, 年支 乙癸戊, 아무튼 이렇게 하여 다 끄집어 내어 봤습니다.

"아니 철현님, 다 끄집어 내어놓고 봐도 다 그것이 그것이 아닌가요?" 그런가?

자, 이제 철현이 모델로 세워 놓은 사주와 한번 비교를 하여 봅시다. 전부가 나란히 나란히 정답게 손잡고 지내는군요.

일단 日干을 먼저 비교를 해 볼까요?

日干이 이미 干支同이 아니기에 파격! 火가 중첩되니 파격! 土는 干支同이 안 되니 또 파격! 印綬도 干支同이 아니기에 파격! 아니, 파격도 이렇게 파격이 될 수가 있는가요? 아니 파격 안 된 것이 하나도 없군요. 그러니 자료를 올리신 분께서 파격인데 우째! 우째서 그렇게 머리가 좋은가 모르겠다고 한 것이군요. 맞죠! 맞죠. 철현이 보니 破 안 된 것이라고는 하나도 없군요.

에고! 볼 것도 없는 사주인데 뭐, 그냥 한쪽에 밀쳐 놔 버리지, 공연히 시간 없는데 복개해서 破 안 된 것 찾는다고 헛고생만 했나 봅니다.

"아니, 철현님! 아무리 그래도 그렇지 남의 사주를 내장까지 다 끄집어 내어놓고 그냥 밀쳐 버리는 법이 어디 있나요. 다시 다 꿰매 놓고 밀쳐놓든가 말든가 해야 하지 않나요?"

그런가? 그러면 다시 다 꿰매 놓고 밀쳐 버리면 되는 거죠. 완전히 破가 줄줄이군요!

철현이 옆에 모델로 세워 놓은 사주는 이제 이렇게 비교하라고 계속 세워 놓는 겁니다.

저번에 철현이 모임에 참석을 하시어 철현의 자료를 복사기로 다 뽑아서 틈틈이 열심히 공부를 하고 계시더군요. 맞죠? 그렇게 해야지요. 철현이 그날, 그 자료를 회원 중 한 분께 읽어 달라고 부탁을 하였지요. 그런데 그 분이 읽으시는 것을 보고, 아 ~ 철현이 드리고자 하는 내용의 10%도 채 못 가져 가시는구나 하는 느낌이 확 들었습니다.

왜가? 철현이 글을 쓸 때의 기분과 회원님이 그 글을 읽으셨을 때 기분이 하늘과 땅이더라 이 말씀입니다.! 철현이 글을 쓸 때의 그 기분은 어디로 가버리고 없더군요.

월드컵 경기를 운동장 현장에서 보는 것과, TV 중계로 보는 것의 차이라고나 할까요! 현장에서는 경기와 응원의 생동감과 전율을 그대로 느낄 수가 있죠!

그렇듯이 철현이 지금 그렇게 감정을 넣어 글을 쓰고 있습니다. 다시 반복하여 말씀드립니다. 財官印 사주가 어째서 좋은 사주인가를 생각하여 보시기 바랍니다.

이제 갈기갈기 찢어 놓았던 사주를 다시 복개하고 끝내는 겁니다. 전부 破했다! 요것을 다시 한번 생각하여 보셔야 합니다. 왜가? 易은 陰陽입니다. 陰陽이라? 전부 破한 것은 그 나름대로 무엇인가

찾을 수가 있지 않을까 하는 것이지요.

사주란 精神氣 이렇게 이야기 하지요. 혼잡됨이 아름답지 못한 것이지, 차라리 전부 破가 된 것은 精神氣가 혼탁되지 않도록 破가 된 것입니다.

그러면 다시 사주를 봅시다.

사주상에 病은 무엇인가? 印綬가 合되어서 破이며, 官殺이 混雜이니 破이며, 이렇게 病이 重한데 弱이 없으니 破인데!

이제 생각을 바꾸어 봅시다.

첫 번째로, 日干이 壬午일주로 허리가 부러졌군요. 그리고 주위를 둘러보니 온통 火가 와글와글 하는데, 제일 급한 것이 印綬인가요 比劫인가요.

印綬가 合되어서 破格이 된 것이 아니고 壬癸水가 사주상에 없어서 破格이 된 것입니다. 즉, 印綬合합으로 인한 破格이 아니라 比劫이 없어서 破格이 된거지요.

두 번째로, 일간이 허리가 잘리고, 印綬가 合되어 작용을 하지 못한다고 본다면 從으로 의심을 해 보아야 한다. 이렇게 되는 것이죠.

從을 하고자 하는데, 壬水가 月支 丑中 癸辛己에, 辰中 乙癸戊에 通根하고 있고, 月支 장간에서 辛금이 月干에 올라와 있는데도 어느 분이 하신 말씀 중에 "印綬가 좋아 貴格이다" 라고 하셨네요.

아니지요. 전부 되지도 않는 억지 주장이며, 아무 필요도 없는 印

綬를 붙잡고 전전긍긍하는지 알 수가 없단 말씀이죠.

철현이 늘상 이야기하지 않던가요. 土는 土라고, 丑월은 亥子丑의 北方 水運이 다 끝나고 곧 寅卯辰 東方 木으로 넘어가는 중간지점의 土인 것입니다. 土를 土로서 인식하지도 못하면서 支藏干의 癸辛己와 乙癸戊는 보이던가요?

어째서 수학을 잘 하는 건가요? 印綬가 아름다워서? 合이 되어서? 壬水가 허리가 부러져서? 丑月이라서? 癸辛己라…….

年時의 兩 丙火가 사주상 病인 辛金과 丑중 癸辛己와 辰중 乙癸戊를 한 번에 다 해결한 것입니다. 그가 누구입니까? 丙화 아버지이지요. 아버지 말 안 듣고 버틸 수 있나요?

이 사주가 壬子일인가요? 月支가 亥水인가요? 子水인가요?

丙火로 從하면 수학을 잘 하나요. 못 하나요? 大運이 어디로 가는가 잘 한번 살펴보세요.

다시 말씀드립니다. 丙화가 이 사주의 病이란 病은 한방에 다 해결해 버린 겁니다.

13. 두 사람의 부부인연과 부인의 부모운, 재운

질문

안녕하세요. 두 사람은 부부입니다. 서로 열심히 싸우고 있고, 남편은 무위도식하고, 부인이 식당을 하여 벌어먹고 사는데 요즘 굉장히 힘듭니다. 아이들이 둘 있는데 헤어지지 않고 살 것인지요? 두 사람의 부모 운은 어떠했는지요? 또 식당은 잘 될런지 한번 살펴봐 주세요.

1961. 3. 6. 05:00
時 日 月 年 坤命 42세

甲 癸 壬 辛
寅 未 辰 丑

65 55 45 35 25 15 5
己 戊 丁 丙 乙 甲 癸
亥 戌 酉 申 未 午 巳

1960. 1. 13. 01:00
時 日 月 年 43세 乾命

庚 丁 戊 庚
子 卯 寅 子

68 58 48 38 28 18 8
乙 甲 癸 壬 辛 庚 己
酉 申 未 午 巳 辰 卯

답 변

1960. 1. 13. 01:00
時 日 月 年 43세 乾命

庚 丁 戊 庚 ← 비교 → 庚 丁 甲 壬
子 卯 寅 子 ← 비교 → 申 巳 寅 子

68 58 48 38 28 18 8
乙 甲 癸 壬 辛 庚 己
酉 申 未 午 巳 辰 卯

丁火 日干이 寅月에 태어나 印綬格, 月支 藏干에서 戊土가 月干에 투출하여 傷官格. 인수격과 상관격이 복합되어 食傷用印格이며, 日支에 卯木이 하나 더 있어서 正偏印 혼잡이다.

正格은 順으로 가고, 偏格은 制한다 하였으니 傷官은 偏格이라 制하여야 하나, 地支가 寅卯辰 木局의 半合으로 이루어져 月干 傷官이 殺地에 앉아서 사실상 약합니다. 아무튼 身弱 傷官은 印綬를 봐야 하나, 身旺 傷官은 財를 보아야 합니다. 그래서 庚金 正財가 격국의 두 가지 문제를 한 번에 다 해결하는 用神이 됩니다.

그런데 에고! 철현이 어깨 탄식이 나오네요. 사주가 반듯하게 생기지 못하고, 팔자가 전부 따로따로 노는지 모르겠네요. 하나라도 옆에 모델로 세워 놓은 사주와 같이 干支同으로 반듯하게 생긴 것이 없이 완전히 제 마음대로 이네요. 상체, 하체, 팔다리가 각각 놀고 있네요.

팔자를 한번 풀어 볼까요. 문제가 뭔가 봅시다.

丁火는 팔자 중에 天干으로 달랑 하나요, 木은 하나면 좋은데 뭐하려고 둘이나 되었으며, 水도 이왕에 둘로 있으려면 干支로 있어주면 누가 뭐라고 하나요. 金이 둘로 있으려면 간지동으로 있어 주면 누가 잡아가나요. 天干은 전부 뿌리가 있건 없건 간에 모두가 허리가 짤린 팔자입니다.

日干은 寅중 丙火에 通根하였으나, 戊토는 월지 장간에서 당당하게 폼 잡고 나와 있지만, 실제는 木이 土를 극한다. 土의 입장에서 보면 호랑이 아궁이 앞에서 놀고 있는 토끼 모습이네요.

그 다음, 用神이라는 財를 볼까요. 庚申으로 나와 있으면 누가 잡아 가나요. 허상 망상 공상가가 돼야 하는군요. 庚金이 어디에다 뿌리를 두고 있는가요? 大運에서 申酉戌이 오기 전에는 用神이 별 볼일 없이 되어 있지요.

어느 분께서 金이 水를 生하기에 바쁘다고 하셨는데, 五行으로 보니 金生水하기 바쁘니 힘이 없어 보이기도 하네요. 그런데 通根法으로 보면 뿌리 없는 허상, 망상, 공상입니다. 子水를 生해 줄 것으로까지야 생각할 필요를 느끼지 못하겠군요.

이제 다 해부해 보았습니다.

결론은 大運에서 申酉戌, 辰戌丑未로 지나가면 좋습니다. 그 외는 지나가지 않는 것이 좋을 것 같군요.

이제 大運을 살펴봅시다.

己卯대운, 食神이 偏印인 卯木 위에 앉아서 오는군요. 그냥 그대로 偏印을 걸상으로 알고 편안히 앉아서 왔다가 가면 됩니다. 庚辰대운, 역시 철현이 이야기하는 그토록 기다리고 기다리던 金과 土가 왔군요.

大發입니다. 신납니다. 어! 그런데…….

日支의 卯木과 月支의 寅木이 辰土에게 잠시 면회를 요청하네요. 그래서 가보니 辰土 보고 친목회에 참석하라고 하네요. 그래서 辰土가 "아니야. 나는 庚金을 도와주어서 10년 大發시킬 건데." 하니까, 卯木이 나서서 "야, 너 四旺地인 卯를 어찌 보고 그런 소리 함부로 하는 거냐"하고 성질을 냅니다.

辰土는 어쩔 수가 없습니다. 庚金 자식을 등에 업고 열심히 키우려 했더니 寅卯辰 方合에 동원되니, 庚金 역시 허리가 뚝 잘리게 됩니다. "에고 내가 내 자식을 버려야 하다니…… 하고 辰土는 슬퍼합니다.

이리하여 63살까지 쨍하고 해뜰 날이 오지 않는 팔자가 되어 버렸습니다. 허상, 망상, 공상가로 살아가야 하는군요.

時 日 月 年 坤命 42세

甲 癸 壬 辛 ← 모델 → 丙 癸 庚 戊
寅 未 辰 丑 ← 모델 → 午 亥 申 辰

65 55 45 35 25 15 5
己 戊 丁 丙 乙 甲 癸
亥 戌 酉 申 未 午 巳

癸水 日干이 辰月에 태어나고 월지 장간에서 천간으로 투출이 없으므로 월지 正官格. 正格은 順으로 가야 한다고 하였지만, 丑未가 혼잡되니 制하여 가야 하는데 木이 있어서 승격. 그런데 여기서 또 한번 한숨을 쉴 수밖에 없네요. 왠가?

팔자를 해부하여 봅시다.

日干이 癸亥로 태어나면 누가 야단치나요. 아니면 月이 壬子로 태어나면 누가 잡아 가나요. 年도 辛酉로 태어나면 누가 잡아 가나요. 사실상 地支에 있는 丑辰未도 원수입니다만, 甲寅도 원수입니다.

어째서? 님들께서 이해가 잘 가질 않으실 것입니다. 丑辰未 혼잡된 것을 당연히 甲寅으로 格을 맑게 하였는데 어째서 원수가 되지?

아닌 것이여! 辛金인 어머니의 사랑은 月干 壬水가 혼자서 다 받아 버리니 癸水는 어머니의 사랑을 못 받게 됩니다. 그러니 壬水가 좋은 작용을 할 것 같으나 사실상 원수인거죠.

辛金 엄마가 辛酉인 것 같으면 둘 다에게 밥 먹어라 할 수 있지만, 官多의 病에 허리 잘린 印綬는 中和를 다 시키지 못한다고 배웠을 겁니다. 그러니 환자는 미음을 먹는다고 하였습니다.

이 팔자도 철현의 팔자나 다를 바가 없군요. 철현도 年干에 庚金 偏印이 있어서 엄마와 5살에 헤어졌습니다. 그리고 성인이 될 때까지 눈칫밥 먹고 살았고요.

이 아주머니도 철현처럼 年干에 偏印이 있으니 어머니 젖을 못 먹어야 합니다. 그리고 엄마 복이 없어야 하고요. 왜 엄마가 초년에 일찍 돌아가셨는가 묻지 마세요!

年干에 偏印이 있으면 어찌 되는가?

年은 조상궁이요. 조상궁이면서 나의 초년 시절이 되는 것이지요. 偏印의 殺性 중 제일 무서운 것은 우리가 먹고 살아갈 食神을 죽이는 것입니다. 그러니 초년인 年干에 偏印이 있는 경우는 初年에 고향 산천을 떠나야 합니다. 그리고 어릴 때 배고픔의 고통을 받아야 하고요.

왠가? 고향 산천에 흉년이 들면 먹을 것이 없지요. 기아와 질병에 허덕이는 아프리카의 나라들을 생각해 보시면 됩니다. 그냥 年干에 偏印이 투출한 것을 가지고 뭘 그러느냐고 하실지 모르나, 그냥 偏印이 아닙니다. 初年에 굶주리며 성장하여야 하는 것입니다. 5살 먹은 애기의 책임인가요? 5살에 엄마와 헤어진 것이 애기의 책임인가요?

아버지가 애기를 간수하나요? 엄마가 간수하나요? 아버지는 편재입니다. 편재는 나가서 돈 벌어 오면 그 책임과 의무를 다하는 것입니다. 그런데 엄마는 印綬입니다. 엄마는 사랑으로 애기를 키우는 거지요.

엄마에 印綬가 붙어 있잖아요. 엄마가 애기의 교육을 담당하지요. 그 사람의 일거수일투족은 즉, 그 어머니가 가르친 것입니다. 그래서 엄마가 애기들 교육시키느라고 학원을 몇 군데씩 보내면서 학교에 치맛바람을 일으키는 거지요.

역학의 十神이 어떻게 해서 만들어졌는지를 이해하지 못하면 죽은 학문이 됩니다. 그러니 철현이 항상 '道! 깨달음이 있어야 한다'고 하는 겁니다.

그리고 年干에 偏印은 아버지인 偏財가 나가서 일할 자리가 되는 직장인 食傷을 克하여 버리니, 황무지에 나가서 열심히 일을 하지만 돈을 많이 벌어오지는 못합니다. 그러니 배를 곯아야죠. 엄마의 사랑을 그리워해야 하지요.

어린 시절에 남의 손에서 자라보지 않으면 눈칫밥이 무엇인지 알지 못합니다. 5살 먹은 애기가 자라면서 누구랑 싸우게 되어도 누가 때리더라고 일러 주거나 싸움을 말려 줄 사람이 없습니다.

그 애기는 밥을 얻어먹어도 눈치를 봐야 합니다. 나가서 싸워도 누군가에게 이기지를 못합니다. 다른 엄마가 애기를 안고 있는 모습과 부모와 다정히 손잡고 행복해하는 모습을 보며 외로워합니다.

道! 오행의 육친관계의 기호와 부호 하나하나가 바로 현실입니다. 道! 깨달음 없이는 易을 통달하지 못합니다. 偏印 하나를 알지 못하면서도 말로만, 입으로만 易을 안다고 할 수 있나요?

이미 이 아주머니는 철현과 같이 초년 고생길이 열렸군요. 부모복 없지요. 남편복 없지요. 식상인 자식복 없지요. 時上 傷官 어떻다고 이야기들 하지요. 한 성깔 하시겠군요.

偏官 깔고 앉은 분 또한 한 성깔 하죠. 차라리 年干에 辛金 偏

印 대신에 己土가 나왔다면 制殺格으로 가겠지만요. 五行이 다 제몫을 한다고 한 목소리 하는군요.

"官이 많아서 病이니 偏印이 있어야 한다고요."

"아니요, 官이 많으니 傷官으로 制殺해야 한다고요."

아! 다 잘났습니다. 아무튼 다 잘났는데, 印綬만 있든지 傷官만 있든지 해야 하는데, 둘 다 있으니 파격이 됐지요.

地支 午未 운에 돈 번 것은 지지(地支)로 온 것이며, 천간(天干)으로 온 丙火는 辛金 偏印이 丙辛合水하여 문서로 인하여 돈이 다 날아가 버린 겁니다. 그리고 남편은 세 명이니 세 번 헤어졌다 다시 만나고, 만났다 다시 헤어진 것입니다.

왠가? 그래도 甲木 하나는 旺하잖아요. 관살 혼잡은 甲木이 잡고 있으니 헤어졌다 만났다를 세 번하면 되겠군요. 그리고 팔자에 官이 忌神이니 忌神 노릇을 해야 하는 것입니다. 모두 다가 부인의 팔자땜을 하느라 마음에 없는 일이지만 어쩔 수가 없는 것입니다.

하느님이 팔자대로 살아라 하니 하는 겁니다. 아무튼 팔자의 격국 정말 이해하기 어렵지요. 왠가? 身弱한 日干에 年에 偏印이 있을 때, 財가 月干에 있으면 偏印의 殺性을 면하지만, 日干이 身弱한데 더 身弱하게 되니 이 또한 문제로다.

우선은 格局이 크고 봐야 하기에 偏印이 年干에 투간하였을 때는 분명히 正財가 月干에 투간하여 주어야 합니다. 오늘도 이 정도로 마무리 합니다.

14. 시험에 합격할 수 있을런지요?

(음력) 1975년 9월 10일 戌時 乾命

壬 癸 丙 乙 건 28세
戌 巳 戌 卯

62 52 42 32 22 12 2
己 庚 辛 壬 癸 甲 乙
卯 辰 巳 午 未 申 酉

질 문

현재 제약회사에 다니고 있으며… 젊은 친구가 혼자 독학하다시피 대학을 나왔답니다. 이해가 안 될 정도로 형제는 엄청 많답니다. 부모형제는 거의 도움이 안 되는 상태이며, 형제 중 태어날 때부터 장애를 가진 형제도 있답니다. 庚辰년 부친이 뇌졸중으로 쓰러졌으나 현재는 걸어 다닐 수 있는 상태라 하네요.

내년 1, 2월 중 방사선 공채시험이 있다고 하네요. 시험에는 합격할 수 있을런지요? 그리고 올해에 결혼도 가능한지요? 아님 언제가 좋은지 대략적 대운도 한번 살펴봐 주시기 바랍니다.

답변

음력) 1975년 9월 10일 戌時 乾命 현 28세

壬 癸 丙 乙 ← 비교 → 丙 癸 庚 戊
戌 巳 戌 卯 ← 비교 → 午 亥 申 辰

62 52 42 32 22 12 2
己 庚 辛 壬 癸 甲 乙
卯 辰 巳 午 未 申 酉

癸水 日干이 戌月에 태어나 月支 장간에서 천간 투출이 없으므로 月支에서 格을 잡아 正官格. 正格은 順으로 간다고 하였기에 月干 正財를 日支의 巳火가 生하여 주니 승격.

에고!~ ^^ 이러고 나니 사주를 다 본거네요. 승격이니까 잘 살아야 하는 것이 아닌가요.

참! 이제 日干에 관하여 또 한번 봐야 하는 것이지요.

맞죠! 맞죠……. 日干이 干支同쯤 되어야 그래도 남자로 태어나서 한 가닥 한다고 하겠는데, 어째 巳火에 올라앉아서 格은 上格이라 잘 살 팔자이나 日干이 너무 身弱한 것 같군요.

일단 둘러보니 時干 壬水가 하나 있고, 月支 장간의 辛金이 있고, 時支 장간에 辛金이 또 하나 있긴 한데(에이! 그래도 그렇지! 日干이 癸亥 정도는 되어야 하는데), 비록 지지(地支)에 通根은 이루어져 있으나 신강(身强) 신약(身弱)의 판단에 있어서는 특별한 결론을 못 내고 애매한 형태가 되었네요.

왠가? 사실은 이 사주가 "從을 할 사주인가 아니면 身弱 사주인가? 그것이 문제로다" 이렇게 되는 겁니다.

그런데 많은 분들이 "從이다, 身弱이다"하면서 지금도 從과 身弱 사이에서 돌고 돌아 가시남요? 철현이 身弱과 從에 관한 사주를 예로 들어서 많이 올려 드린 것으로 알고 있는데…… 철현이 잘못 알고 있는 건가요?

일단, 癸水가 딱 까놓고 눈에 보이는 것은 時干 壬水 하나가 있습니다. 그리고 戌月 戌時로 進氣라 이야기들 하지요. 무슨 이야기인가 하면 가을의 癸水의 계절이라 그 말입니다.

무슨 말인가 하면, 戌土는 계절로서 申酉戌의 끄트머리이며, 그 다음은 亥子丑으로 가지요.

그렇다면 戌土는 土인데, 亥子丑과 申酉戌의 중간 지점의 土이니 日干이 身强이라 할 것인가요? 아니면 身弱이라 할 것인가요?

사실 철현이 모델로 세워 놓은 사주와 같이 이것이면 이것, 저것이면 저것이 분명한 것이 좋지 않겠는가요?

그런데 실제로는 철현이 모델로 세워 놓은 사주처럼 좋은 팔자, 즉 이것인지 저것인지 분명한 팔자는 보기 어렵고, 철현의 팔자와 같은 지금 이 사주와 같이 이도저도 아닌 어리버리한 사주들이 많으니, 그래서 易이 정말 어렵고 어려운 것입니다.

어리버리한 사주, 이것이 문제입니다.

철현이 다시 처음부터 반복하여 말씀드리니 이후로는 이와 같은 사주를 가지고 身强이다, 身弱이다, 從이다, 從이 아니다 하고 다투지 마세요. 무엇인가 가려내는 기준이 분명하게 서 있다면 계속적으로 이런 글이 올라올 수가 없는 겁니다.

첫 번째, 일단 身弱은 분명합니다.

두 번째, 身弱하니 從을 해야 한다면 누구에게 從할 것인가? 기준이 분명해야 하지 않나요? 身弱이니 五行이 돌아가는 대로 그냥 대충 大運을 따라 從하나요?

일단 從을 생각한다면 누구를 從할 것인가 하는 대상이 있어야 하지 않은가요?

壬水에 從하나요? 戌중 辛金에 從하나요? 年干의 乙木에 從하나요? 月干 丙火에 從하나요? 月時支 戌土에 從하나요?

從格! 假從格! 말로는 하면서도 도대체 어디 무엇을 따라 從을 하는가요? 기준이 분명해야 합니다. 오늘 이후로 이 부분에 분명히 이해하고 두 번 다시는 이런 식의 글 올라오지 않도록 하세요.

잘 보세요. 사주팔자를 다 들춰 봅시다.

일단 癸水가 從을 하고자 하는데, 水가 壬癸로 둘, 木이 乙卯로 둘, 火가 丙, 巳로 둘, 土가 戌토 둘, 모두 둘 둘로 손잡고 있네요.

이제 다 내어놓았으니 身强 身弱으로 돌아가 보아야 하겠군요. 맞나요? 맞을 겁니다.

일단 水가 木을 生하고, 木은 火를 生하고, 火는 土를 生하고,

土는 생할 金이 없군요. 맞죠! 맞아요……. 지금 癸水가 從을 하려고 한다고 했으니까요.

그러면 다시 한번 더 해 봅시다.

水가 木을 생하고, 木이 火를 생하고, 火는 土를 생하고…… 맞죠!~~ 맞습니다.

그렇다면 보기를 들어 봅시다.

① 마지막에 더 돌아갈 곳이 없는 土를 從해야 할 것 같다.

② 火가 强하니 火를 從해야 한다. 맞죠!! 火가 天干에 투출하여 있으니 火를 從하는 것이 맞는 것 같기도 하네요.

③ 官을 從하다가 財가 오면 財를 從하며, 癸수가 잔머리를 대충 돌려가면서 살아간다.

사실 易이 어려운 부분이 바로 돌고 돌아가는 것이라는 겁니다. 法을 공부하시는 분들은 '예, 아니오'로 흑백을 분명하게 답을 구합니다.

法이 무엇인가? 우선 法 이전에 도덕과 윤리가 있으며, 윤리 이전에 삼강오륜(三綱五倫)과 주자십회(朱子十悔)가 있었습니다. 그런데 인간사에 문제가 발생하고, 도덕과 윤리가 무너지고 하다 보니 사람과 사람 관계에 法이란 것이 발생하게 되고, 규범으로서 구속을 하게 된 겁니다.

이것이 法이다 보니 法이란 예, 아니오로 단호하게 결판을 낼 수밖에 없는 거지요. 이것이 法입니다.

그러나 易이란 그냥 우주입니다. 우주는 끝없는 학문으로 돌고 돌아가는 것입니다. 이래서 易이 어려운 것이지요. 그런데 철현이 易을 공부하면서 깨달은 것이 있습니다.

道! 철현은 道를 통하여 역을 사통오달하게 되고, 0.333을 만들게 되었으며, 財官印 사주를 모델로 세우게 되었다 이렇게 된 겁니다.

자!~~ 그렇다면 道란 무엇인가? 즉 깨달음이다. 깨달음이란 무엇인가? 있는 것을 그대로 바로 보는 것이 깨달음이다. 맞나요. 맞을 겁니다.

道!! 깨달음……. 돌아가는 것은 돌아가지 못하게 하면 됩니다. 돌아가지 않는 것은 돌아가게 하면 되는 것이고요. 易도 法과 같이 냉정, 비정, 무정하게 칼같이 쪼개어 버려야 한다. 절대로 쪼개지 못하면 易의 정상은 요원하다. 맞나요? 철현 생각에 맞을 것 같구먼요!

쪼개려면 어떻게 해야 하나요? 오장육부 다 들어내면 쪼개는 것인가요? 개수가 몇 개다 하고 헤아리면 다 쪼갠 것인가요?

볼까요? 돌고 돌아가는데 從을 하려니 누구를 從해야 하나요? 火를 從할까요? 火를 從하려 하는데 官이 뒤에 버티고 있으니, 土에 끌려 從해야 하나요? 맞나요? "맞는 것 같네요!"

정말 맞나요?

"……"

아닙니다. 절대 아닙니다. 乙木이 보이시나요? 乙木 때문에 절대로 土에 從을 할 수가 없습니다. 乙木이 막힌 土를 극해 버리는 制殺格이란 말씀입니다.

철현의 쪼개고 쪼개고 쪼개어서 마지막으로 官에 정착하였다면 그것을 막는 抑扶가 있는가 없는가, 돌고 돌아가면서 相生해 나가면서 마지막으로 누가 주인공인지 엑스트란지 분명히 가려야 하지 않겠나요?

그리고 마지막 누구를 從할 것인가 결정을 내고 나면 이제는 生하고, 生하고가 아닌 막고 막는 자가 있는가 없는가 보면 사주 다 본 것입니다. 즉 身弱에 壬水가 戌중 장간 辛金, 시지 戌중 辛金에 의지하고 있으니, 土를 막는 制殺格으로 간 것입니다. 즉 파격인 것이에요.

왠가? 乙木은 丙火에 氣를 다 빼앗기구먼요. 정말 이것이면 이것, 저것이면 저것으로 분명하게 면도날 같이 예리한 칼로 두부를 자르듯 잘 잘라 내는 사람은 하산하는 겁니다.

에고! 정말 어리버리한 사주구먼요. 아무튼 종을 하지 못하구먼요.

制殺格으로 가려하니 地支로 오는 印綬는 좋고, 天干으로 오는 것은 좋지 못하나 丙火가 丙辛合해서 잡아버리고, 庚金은 乙庚合해서 잡아버리니 어리버리 좋구먼요.

왠가? 이것도 저것도 아닌 입장이니까요. 그래서 卯戌, 活人業, 제약회사, 식품, 의약품, 食神이 용신, 金이 오면 金으로 가고, 평상시는 돌고 돌아 官에 맺게 되니 從도 못하는 입장에 官으로 끝나버리면 官이 무섭잖아요.

制殺로 가다가 印綬가 오면 좋구먼요. 즉 철현 비슷한 입장이구먼요. 이것도 저것도 아닌 정말 어리버리 사주인 것이지요. 철현과 같이 官은 食傷으로 制하며 눈치껏 가다가 印綬가 오면 印綬로 돌아가고, 그런데 철현은 庚金이 天干 투출하니 庚金 印綬를 주로 하는데, 이 사람은 印綬가 없으니 食傷을 주로 하구먼요.

庚辰, 辛巳 그런대로 좋은 운이며, 甲申년 시험을 보면 확실한데, 자격증이 하나 있어야 장가를 가지. 甲申년 지나고 丙戌년에 장가갑니다. 壬午, 癸未년 조금 어리버리하게 넘어가게 됩니다. 庚辰년은 아버지 丙戌과 천극지충이군요.

15. 인쇄 및 광고(기술자)

음력 : 1975년 10월 01일
時 日 月 年 乾 28살

丙 癸 丙 乙
辰 丑 戌 卯

戊 己 庚 辛 壬 癸 甲 乙
寅 卯 辰 巳 午 未 申 酉
78 68 58 48 38 28 18 8

질 문

현재 직업은 인쇄 및 광고 기술자이며, 아직 미혼입니다. 어머니와 함께 살고 있으며, 결혼을 빨리 해야 하는데 잘 이루어지지 않습니다. 만나는 여성은 있으나, 결혼까지 가는 여성은 아직 없습니다. 언제 어떤 여성과 만나겠으며, 직업은 평생직업으로 여겨도 되는 건지 궁금합니다. 저는 손재주가 많은 편이며, 공부는 못했으나 영특한 편이라 생각합니다. 많이 아끼고 절약하며 살고, 언젠가는 잘 살 수 있을 거라 생각하지만 제게 재복이 있는지도 궁금합니다.

답변

음력 : 1975년 10월 01일

時 日 月 年 乾 28살

丙 癸 丙 乙 ← 비교 → 丙 癸 庚 戊

辰 丑 戌 卯 ← 비교 → 午 亥 申 辰

戊 己 庚 辛 壬 癸 甲 乙

寅 卯 辰 巳 午 未 申 酉

78 68 58 48 38 28 18 8

癸水 日干이 戌월에 태어나고, 月支 장간에서 天干으로 투출하지 못하여 월지에서 格을 잡으니 正官格인데, 辰丑의 土가 중첩되니 관살혼잡격이다. 年干에 식신이 干支同으로 强하게 투간하여 혼잡을 制하여 파격 후 승격이다.

다음은 일간이 아름다운지 아닌지를 보아야 한다.

癸水 일간이 지지의 戌중 辛金, 丑중 辛金, 辰중 癸水에 통근하고 있다.

그런데 어쩌나! 철현이 누누이 辰戌丑未는 土라고 강조했지요. 그런데 그 土 속에 있는 지장간인 辛金과 癸水에 통근하고 있으니 이 점이 문제입니다.

어디 한번 볼까요.

水는 癸水 하나, 木이 둘, 火가 둘, 土가 셋, 金은 없구요. 이렇게 본다면, 분명 癸수 하나에 주위에 온통 火와 土 뿐이네요. 철현이 土는 土라고 하였지요. 그러니 사실상 從을 하여야 할 팔자인데, 從을 하자니 누구를 從해야 하는 걸까요?

天干을 주도하는 것은 兩 丙火이고, 地支는 辰丑戌이 주도하고 있네요. 그리고 乙木도 日干의 힘을 빼는데 한몫을 하네요.

그러니 丙火를 따라야 하나요? 官인 土를 따라야 하나요? 다시 정리하여 본다면, 火가 土를 生하니 土를 從해야 하겠군요. 그런데 從官을 하고자 하니 乙木이 버티고 서 있으니 어떻게 될까요? 從을 못하게 됩니다.

制殺格! 이렇게 가야 맞지 않을까요? 官殺混雜에 食神制殺格으로 식신이 용신이다. 멋지지 않습니까?

그런데, 그런데요……. 兩 丙火가 말입니다. 乙木의 制殺작용을 방해하고 있습니다. 木으로 土를 극하려 하는데, 木으로 불이나 지피라 하니 환장할 노릇이에요.

종재격에 식상이 희신되면 食財가 한 마음이니 좋지만, 식신으로 制殺하는 데에는 財가 끼이게 되면 불발이 됩니다. 財가 食神의 기운을 설기시켜 버리니 작용을 못하게 되기 때문입니다.

결론은 용신이 없다는 것입니다.

制殺格이려면 확실하게 월간에 戊土가 투출하여야 시간의 丙火가 있더라도 制殺格으로 승격이 되는 것입니다. 그런데 철현이 항상 강조하듯이 사주팔자의 배치에 따라 결과는 천차만별이 된다는 사실, 이것이 문제이죠.

官이 조금 더 旺하고 財가 弱하다면 制殺格으로 승격이 되지만, 이 사주는 오행이 통관되어 버리니 制殺格이 이루어지지 못합니다. 從을 한다고 해도 從官을 할 수는 없습니다. 왠가? 食神이 "꼼짝마!"하고 노리고 있군요.

결론은 丙火를 從하려 해도 丙火의 기운이 약하여 사주를 주도할 수 있는 입장이 아니라 불가하며, 土를 종하려니 乙木이 방해하고 있어 불가하다. 從을 하려고 해도 뚜렷한 대상이 없습니다.

결론, 그러므로 假從이 됩니다.

대운을 볼까요. 假從의 사주에 초년 乙酉대운을 맞으니 酉辰合金, 酉戌合 金, 酉丑合 金 하여 17세 까지는 좋은 여건에서 지냈다고 볼 수 있습니다.

그런데 甲申대운은 申金이 와도 地支로 合이 하나도 되지 않네요. 이때부터 일간은 천지사방으로 적들이 와글와글 하는 가운데서 申金에 의지하고자 하니 힘들게 되었네요.

庚申대운도 아닌 甲申대운이라 이미 어렵고, 버거운 사주팔자를 타고 났기에 대학 진학은 어려우니 기술직으로 돌아갔다고 보아야 합니다.

이제 28살 癸未대운, 앞에서 이미 從官은 못한다고 하였죠. 制殺格도 안 되는 상태에서 巳午未 남방 화운에 들어 왔으니 假從으로 從財나 從官을 하는 척하면서 살아가야 할 입장입니다.

乙木 食神이 用이 되어 인쇄와 광고에 관련한 손재주가 나오는군요. 假從 사주로 극히 신약하고 용신이 분명하지 않으며, 오행 돌

고 돌아가니 분명한 용신 없이 大運에 따라 살아 갈 팔자입니다.

질 문

"그렇다면 철현님이 세워 놓은 財官印 사주도 오행이 돌고 돌아가니 분명한 용신이 없는 것이 아닌가요?"

답 변

"맞습니다. 오행이 돌고 돌아가니 특별한 용신이 없는 것은 맞습니다. 다만 월령에 의한 格局이 뚜렷하니 특별히 대운을 타지 않고 어떤 운이 와도 돌고 돌아서 잘 살아가게 됩니다. 예로 든 財官印 사주는 용신보다는 格局에 의지한 팔자입니다."

오행이 주류무체가 되어 좋은 사주가 있는 반면에, 주류무체가 되어 힘들어지는 사주도 있다는 걸 알아 두시기 바랍니다.

16. 단명한 명조

질 문

안녕하세요.
短命한 명조 올립니다.
아파트에서 투신자살하였습니다.
壬午년 丙午월 壬戌일 庚子시에 사망하였습니다.
고인의 명복을 빕니다.

時 日 月 年 29세 坤命

壬 壬 壬 癸
寅 午 戌 丑

29 19 9
乙 甲 癸
丑 子 亥

답 변

時 日 月 年 29세 坤命

壬 壬 壬 癸 ← 비교 → 甲 壬 辛 己
寅 午 戌 丑 ← 비교 → 寅 子 酉 未

29 19 9
乙 甲 癸
丑 子 亥

왜 죽었을까?
일단 사주팔자를 해부해서 역학조사를 해봐야겠군요.
자, 이 사주는 格國이나 用神을 따져서 풀어갈 사주가 아닙니다.

극단적으로 싸우는 사주에서 短命팔자가 많이 나온다고 했습니다. 그런데 일단 이 사주도 의심을 해 봐야 할 사주입니다.

왠가? 지지로 삼합이나 방합국 등으로 구성되어 어느 하나가 극왕한 사주가 되게 되면 從을 하든가, 아니면 힘들게 살아가야 하는 극단적인 삶이 됩니다.

그래서 대체적으로 從할 것인가, 아니면 身弱으로 살아갈 것인가, 이렇게 간단히 보려고 마음을 먹으면 사주 보기가 아주 쉽습니다.

일단 地支에 三合局이나 方合局이 구성되었거나, 寅申巳亥 전부, 辰戌丑未 전부, 子午卯酉 전부, 子子子子로 쥐가 네 마리라든가, 丑丑丑丑으로 소가 네 마리라든가, 寅寅寅寅으로 호랑이가 네 마리로 한 가지 성질이 극왕하게 몰려 있다면 사주 보기가 아주 쉽습니다.

왠가? '모' 아니면 '도'이기 때문이죠. 이런 사주를 특수격이라 합니다. 아무튼 이런 사주의 주인공들 특별나게 살아가게 생겼지 않는가요.

이렇게 무리를 지어 살아가는 사람들은 한 가닥 해야 합니다. 왠가? 司團長이 와글와글하니 대통령을 하지요. 안 되면 깡패들 두목이 되거나 간첩 등이 되어 감옥소에 가거나 해야 합니다.

한때는 깡패 두목이다. 간첩 우두머리다 하던 사람도 운이 좋으니 출마를 하거나 대통령이 되어 나라의 우두머리가 되지요. 이렇듯 와글와글 해야 뭔가 하게 됩니다.

그러나 와글와글이란 것이 생각이 와글와글이며, 욕심도 와글와글입니다. 그러니 三合이나 方合을 지닌 사람들은 '모 아니면 도'를 좋아합니다. 안했으면 안했지 중간의 '개나 걸' 이런 것은 좋아하지 않습니다. 이쯤하면 요!~ 아가씨도 '모가 아니면 도' 할 가능성을 가졌다 봐야 합니다.

다시 이야기하자면 地支에 寅午戌로 三合 火局을 했다면 從財를 하든지 從官을 하든지 해야 합니다. 그런데 천간(天干)에 비겁(比劫)이 줄줄이군요. 철현이 조금 전에 이야기했지요.

지지(地支)로 네 글자가 구성되면 뭔가 한 가락 한다고요. 그렇듯이 天干으로 壬壬壬癸로 구성된 이 사주도 뭔가를 보여주어야 하지 절대 그냥 가지 않습니다. 그러니 이 사주는 天干도 한 가닥 보여줄 입장이고, 地支도 한 가닥 보여줄 입장인 것입니다.

그런데 이런 사주를 兩神 成像格이라 부릅니다. 일단 사주를 봐야 하는데, 격국은 하나 정해야 하니 격국도 안 보고 할 수 있나요. 격국은 하나 정해야 하니까요!

正格으로 보려면 偏官격으로 간주해 볼 수도 있겠으나, 일단 두

가지 오행이 서로 대립하여 구성되어 있다고 보면 됩니다. 이렇듯 成像格은 천간과 지지가 따로따로 놀고 있다는 것입니다.

그런데, 이 사주에 地支 寅午戌 火局하여 丑土를 생하고 있고, 그 丑土에 天干의 水가 통근했다고 생각하면 안 됩니다. 土는 그 자체로서 土입니다.

다만 옆의 다른 인자에 의하여 성질이 변하게 됩니다. 丑토의 경우, 옆에 酉金이 있으면 酉丑합하여 金이 됩니다. 옆에 子수가 있으면 亥子丑의 半合이 되어 水가 됩니다. 이렇듯 옆의 이웃에 따라 金도 되고, 水도 되고, 土도 되는 것이 丑토입니다.

보세요. 丑토 옆에 무엇이 있는가요. 寅午戌의 火가 있지 않는가요.

酉가 있는 것이 아니고, 子가 있는 것도 아니고, 午가 강력하게 三合하여 옆에 서서 “내가 누구냐?” 하고 묻지요. 그러니 丑이 “네, 火입니다”하고 대답합니다. 그러자 火가 “그러면 너는 무엇이냐?” 하고 또 묻습니다. 丑은 “네, 나는 土입니다”라고 대답합니다.

丑은 이미 丑戌형으로 강한 火세에 부서진 土이므로 지장간 기물인 辛과 癸는 쓸모가 없이 되어 버렸습니다. 그러니 地支는 완전히 火土 뿐이며, 天干은 완전히 水水水水 뿐입니다. 맞죠?

水火 相戰에 火가 土를 生하니 水火 土의 相戰이 되어 버렸네요. 이런 상황을 보지 못하고 地支의 통근을 고집해서는 안 됩니다.

兩神 成像格이라 하더라도 天干과 地支가 相生구조로 된 成像格들은 좋은 사주입니다. 왜냐하면 하늘과 땅이 서로 한마음으로

통하기 때문이지요.

上과 下가 한 마음이 되니 부부가 서로 죽고 못 사는 형상이지요. 그러나 이 사주는 상황이 다르지요. 甲子대운에는 오행이 돌고 돌아 잘 지내왔으나, 乙丑대운에 丑토를 믿을 수가 없지 않나요?

지금도 水라 할건가요? 金이라 할건가요? 丑토가 조상자리에 있으니 조상이 원망스럽군요. 지장간에 있는 엄마가 원망스럽군요. 남편도 믿지 못하겠군요.

왠가? 壬壬壬癸가 줄줄이 있으니 자기 성질 자신이 잘 알겁니다. "모가 아니면 도다"라는 사실을 죽어도 從은 못하는 팔자가 아닌가요? 壬수가 하나만 있다면 절대로 한판 하자고 하질 않습니다. 그냥 순리대로 살자고 합니다. 그런데 比劫이 천간을 다 장악하고 있으니 比劫의 강한 기질이 발동하게 됩니다.

乙丑대운 들어와 壬午년을 만났습니다. 壬午 일간에 壬午년은 복음이라 합니다. 복음이란 자기와 비슷한 강력한 라이벌이 나타나서 일일이 막고 나선다고 하면 될까요? 그 해를 잘 보낸 사람은 복음, 즉 라이벌 때문에 한 단계 발전하여 성공하는 입장이 될 수 있습니다.

그러나 강력한 라이벌이 있어서 힘들다고 본다면, 죽고 싶을 정도로 힘든 해가 됩니다. 그리고 水와 相剋되는 年月日時로 마무리하겠죠. 죽은 날짜가 올라와 있군요.

17. 남편 복이 있을까요?

질 문

남편 복이 있는지 진짜로 궁금합니다. 본인이 남편 복이 엄청 있다구 하나 실제로 보면 매력이 없어 보이는데…… 남편하고 사이가 엄청 좋아 보인다고 합니다. 작년엔 아이가 건강이 안 좋아 마음고생을 많이 하기도 했구요. 乙亥, 丙子년에 유아용품을 시작하여 丁丑년에 그만 두었습니다.

女命엔 官이 중요한데, 정말 복 있는 여자일까요? 시댁 형제도 잘 한다구 하는데 전 이해가 잘 안된 답니다.

음력 : 1967년 4월 9일 미시생 여명

乙辛乙丁
未巳巳未

67 57 47 37 27 17 7
壬 辛 庚 己 戊 丁 丙
子 亥 戌 酉 申 未 午

답 변

음력 : 1967년 4월 9일 미시생 여명 36살

乙辛乙丁 ← 비교 → 甲 辛 戊 丙
未巳巳未 ← 비교 → 寅 酉 辰 午

67 57 47 37 27 17 7
壬 辛 庚 己 戊 丁 丙
子 亥 戌 酉 申 未 午

辛金일간이 巳월에 태어나 正官格. 年干에 偏官이 년지 월지 일지 시지에 강력히 통근하여 官殺混雜格. 혼잡은 제하여야 하기에 食傷을 찾으니 사주상에 없어서 파격인데!

어째서! 이 사주가 남편 복이 많다고 하는가. 그것이 알고 싶다고 하셨네요. 자, 그러면 왜 남편 복이 많은가 하나씩 차근차근 풀어 나가 봅시다. 일단 관살혼잡이 사주상 제1의 病이 맞습니다.

첫째, 사주상 病重하고 약이 없는 사주에 남편 복이 많다?

두 번째, 일간 辛金이 월지 장간 庚金에, 일지 장간 庚金에 통근하여 官과 日干과의 中和法으로 본다면, 이는 매일 남편에게 얻어맞고 살아야 하는 팔자이거나, 정신이 혼미하여 신을 받아야 하거나, 심장병이나 소화불량으로 허약한 체질로 고생해야 할 팔자인데, 잘 살아간다?

身弱에 病重하고 약이 없는 사주인데, 왜 좋은 팔자인가가 궁금한 것입니다.

그렇다면 일간이 日月支의 장간 庚金에 통근을 하였다고는 하나, 地支가 巳月 巳日 未年 未時로 年干에 편관이 투출하여 從을 하였는가 싶기도 할 것입니다. 그리고 月, 時干의 乙木이 강한 火를 生하여 주니 從이 아닐까 하며, 사실상 從으로 해설을 하신 분도 계시는군요.

그런데, 여기서 未土, 요!~ 未土를 한번 생각해 보아야 합니다.

왠가? 일단 未土는 土입니다. 未土가 火가 아니라는 것이지요. 辰戌丑未는 분명 土인 것입니다. 辰戌丑未는 土로서 대국적 입지에서 보면 木 火 土 金 水 중에서 土인 것입니다.

이제 철현이 사주 분석에 들어갑니다.

사주상에 水가 0, 木이 2, 火가 3, 土가 2, 金이 1, 이렇게 하여 五行이 水가 빠진 상태에서 木이 火를 生하고, 火는 土를 生하고, 土는 金을 生하고 있군요.

맞나? 맞을 겁니다. 철현이 줄줄창 이야기하지만 五行이 먼저입니다. 그 다음에 節氣 深淺으로 내려가야 순서가 맞을 것이구먼요.

그런데 五行상의 상생상극은 어디로 가버리고 월기 심천에서 未土는 火土가 되어 辛金을 생하지 못한다느니, 또는 辛 금은보석이라 땅에 떨어지면 흙먼지가 묻어서 빛을 흐리게 한다느니, 火土는 金을 生하기 보다는 오히려 火病나게 한다느니 하는 말들을 하는지 모르겠네요.

그리고 어느 분은 홍격에 午화가 홍하여 巳午米 方合이 되어 火局이다 하셨는데, 홍격에 대하여 한번 짚고 넘어 가야겠군요.

月支와 日支의 巳火와 年支 未토 사이에 午화가 홍하여 巳午未 方合을 하였다고 한다면, 大運에서 온 午火는 버려야 하나요? 홍으로 이미 있는 午火와 大運에서 온 午火가 둘이라고 하여야 하나요?

格局을 定하면서 홍격이라 하여, 없는 것을 있다고 하면서 이미 사주격국을 다 세워 버렸는데, 대운에서 다시 홍한 글자가 온다면 그때는 어떻게 해석을 하여야 하는가?

巳와 未는 사실상 合이 이루어진 것이 아니라고 보아야 합니다. 철현이 다시 한번 설명합니다. 子午卯酉가 빠진 合은 合이 아니 된다고 철현이 강력히 주장하는 바입니다.

예를 들까요? 결혼식장에 신랑 신부 빠졌다면 결혼이 성사가 되나요? 연속극이나 영화에서나 또한 우리 주변에도 있는 일들이지요. 두 가문이 결혼한다고 청첩장을 돌려 하객들을 와글와글 모아 두었는데, 신랑이나 신부가 부모들에 의한 강제 결혼은 못하겠다며 결혼식 날에 애인하고 도망 가버리는 경우도 있습니다.

우리는 역학자구먼요! 역학자가 무엇인가요. 道! 깨달음! 바른 세상 이치를 누구보다도 명확히 알아서 사주팔자 해석함에 적용을 하여야 명확한 답변을 얻을 수 있는 것입니다.

주인공이 빠진 결혼식장에 하객들이 와글와글 하지만, 그 결혼식은 깨어지고 말지요.

이와는 달리 가난한 청춘남녀가 절이나 교회에 가서 스님이나 목사 앞에서 하객들 없이 결혼하여도 결혼은 성사가 됩니다. 이렇듯 記號, 符號 하나하나에 대한 명확한 해석을 내려야 만이 사주를 명확하게 볼 수 있지 않겠나요?

홍격이란, 즉 운에서 빠진 오행이 와서 변할 때 다른 생을 살게 되는 것이 아닌가요? 다시 丁火는 未土를 生하고, 未토는 辛금을 生합니다. 절대로 從이 아닙니다.

다만 大運에서 午火가 오면 巳午未 남방 화국이 되고, 天干 丁화가 투간하여 從官格이 됩니다. 그런데 초년에 午화가 왔다 갔으니 從을 못합니다. 다시 어째서! 어째서…… 從사주도 아닌데 귀부인답게 살아가는가?

戊申대운, 申金이 巳申합하여 관살혼잡을 制하여 버리니 偏官만 남게 되어, 대운에서 용신이 와서 승격되었습니다. 그리고 사주상에 없던 水가 巳申合水하여 水가 발생하여 자식이 있군요. 그리고 身弱한 辛金일간에 강력한 뿌리인 申金이 와서 中和를 이룬 것입니다.

또한 天干 戊土 印水가 편안하게 해준 것이고요. 40살 己酉대운 역시 巳酉 합금하고 我旺 官旺 財旺하게 되니 좋은 사주이구먼요.

다만 천간으로 오는 己土 편인이 도둑놈으로서 먹고 놀자며 乙己 克하니 財가 가만있지 못할 것 같으니, 특히 偏印을 조심하시라 하고 싶군요.

18. 새로운 일을 시작하려고…

음력 : 1972년 07월 04일
時 日 月 年 坤 31살

甲 乙 戊 壬
申 亥 申 子

庚 辛 壬 癸 甲 乙 丙 丁
子 丑 寅 卯 辰 巳 午 未
72 62 52 42 32 22 12 2

질 문

지금은 가정주부지만 조금 있다가 새로운 일을 시작하려고 하는데 운대가 괜찮은지요? 새로운 일을 지금 시작하는 시기는 맨땅에 헤딩이지만 운대가 맞아서 손익분기점을 빠른 시일 안에 넘길 수 있는지 봐주세요.

답 변

음력 : 1972년 07월 04일
時 日 月 年 坤 31살

甲 乙 戊 壬 ← 비교 → 戊 乙 壬 庚
申 亥 申 子 ← 비교 → 辰 卯 子 申

庚	辛	壬	癸	甲	乙	丙	丁
子	丑	寅	卯	辰	巳	午	未
72	62	52	42	32	22	12	2

乙木 日干이 申月에 태어나 正官格. 월지 장간에서 戊土가 月干에 투출하여 正財格. 월지 장간에서 壬水가 년간에 투출하여 正印格. 정재 + 정관 + 정인 = 재관인격. 일지에 亥水가 하나 더 있어 正偏印 混雜인데 혼잡은 制하였고, 正格은 順으로 간다라고 하여 生財官 격으로 승격.

일단 년 월로 財官印이 다 모여 좋은 집안 출신으로서 아름다운 사주라 할 수 있겠군요. 正官이 천간에 투출하지 않았고, 일지에 亥와 년 간지에 壬子로써 일간이 弱하지 않은 입장에, 시간에서 甲木까지 받쳐 주니 正官格에 我旺하여 官을 감당하게 되니 좋은 사주라 할 수 있겠습니다.

이제 財官印 사주와 비교를 해 가면서 아름다운 사주를 좀 더 깊이 구체적으로 파헤쳐 봅시다.

일단 乙木 일간이 년에 壬子로 正印이 자리하여 할아버지 때에 名門이었음을 한눈에 알 수가 있고, 월지 正官에 월간 正財이니 부모는 부귀하였다고 볼 수 있네요.

다음, 일간은 乙亥로 부모대의 名門이 기울어짐을 알 수 있겠군요. 특히 년 正印에 일지 偏印은 正偏印 혼잡이 되어 아주 혼탁해짐을 의미하며, 時의 甲申도 이미 월 正官格에 다시 官이 있게 되니 좋지 못하며, 甲木이 絕地에 앉아 사실상 사주의 病으로 작용하게 되는 구조입니다.

왜가? 월간 戊土가 세력이 없어 극히 미약하며, 년지의 子水가 월시지 申金과 申子辰 삼합 수국의 半合으로 申子합수하여 년간 壬水를 강하게 받쳐주고 보니 년일월시지를 통한 강력한 壬水가 월간 戊土를 戊壬극으로 逆剋을 시도하여 강한 壬水에 의하여 씻겨 나갈 판에 時干의 甲木이 甲剋戊를 하므로 사실상 아무 필요도 없는 甲木이 戊土를 극하였다고 할 수 있습니다.

이 사주의 당사자는 년 월간이 명문이나, 자신은 일지 偏印에 甲木이 甲剋戊하여 아버지를 극하는 입장이라고 본다면, 자신이 태어나면서 아버지를 극하게 되어 좋지 못하였다고 볼 수 있으니, 후처 자식이 아닐까 생각하여 볼 수 있겠네요.

철현이 다른 역술가들에게 종종 듣게 되는 이야기 중의 하나가 궁통의 조후론과 일반 격국론이 서로 상반되기 때문에 어느 이론을 따라야 할지 모르겠다라는 것입니다.

왜가? 지금 이 사주가 바로 그런 경우에 해당하는데, 正官격에 傷官은 사주상 病에 해당하는데, 자연론과 조후론인 궁통의 이론대로 하자면 申월의 乙木은 조후용신이 丙火이고, 보조용신이 己와 癸가 되는데, 어느 이론에 따라야 하는 것일까요?

철현은 여기에 대한 명확한 이론을 밝힌 학자를 지금까지 만나지 못한 것 같네요. 철현이 우물 안의 개구리 입장이라서 수많은 역학인들을 만나보지 않아서 그런가 하기도 생각합니다.

그러나 대다수의 실력이 있고, 易을 조금 이해하였다 하는 분들은 자신의 이름을 알리고자 하여 저서들을 많이 펴냅니다. 그리고 철현도 수많은 역서(易書)를 읽어 보았으며, 비록 역서(易書)를 내지 않은 분들이라 하여도 그의 후학들에게 비전(秘傳)들이 전해져 올 수 있겠기에 어느 학술 토론장 한구석에라도 여기에 대한 명확한 이론이 있어야만 합니다.

그런데도 아직까지 명확한 이론을 본적이 없으며, 여기저기 올라와 있는 내용들은 거의다가 正官格에 조후 상관은 상반된다고 하는 것입니다.

이제 답을 드려야할 차례이네요. 답은 년에서부터 시작하여 庚申 壬子 乙卯 丁巳 자!~~보세요. 한 사주에 모두 다 해결되지 않았는가요?

한 번 더 해 볼까요? 이번엔 偏으로 만들어 보죠. 辛酉 癸亥 乙卯 丙午로 조상의 명문은 부모로, 부모는 자신으로, 자신은 자식으로 물러 주고, 자식은 다시 財로 돌고, 財는 다시 官으로 돌며, 官은 다시 印綬로, 印綬는 我로 돌고 돌아서, 즉 자신인 ① 乙卯에서 자식인 丙火로, ② 丙火는 다시 財로, ③ 財는 다시 官으로, ④ 官은 印綬로, ⑤ 印綬는 다시 乙木이 됩니다.

우리 고서(古書)에 보면 이런 이야기가 있습니다. "우리 6대 손(孫)이 이 묘를 이쯤 파다가 다시 묻을 것이다"라고……. 이는 즉 6대 손은 바로 내가 되니, 그 6대 손은 자신과 같이 유능한 역학자가 되어서 이 묘를 파게 될 것이니 그에 대비하여 비석 하나를 더 넣어 두었든 것이며, 위로 6대 할아버지는 바로 나였으며, 즉 나는 할아버지의 분신으로 옷만 바꾸어 그 시대에 살았든 사람으로서 6대째가 되면 나는 다시 이 땅에 오게 되나니……. 믿거나 말거나!

윤회의 법칙에 똑같은 것이 없기에 아니라고 하면 할 수 없고…….

정리해 봅시다. 철현의 0.333법칙에 따라서 正官格에 傷官을 접목하는 경우는 즉, 正格은 順으로 가야 한다고 하니 財生官하여야 하는데, 지금과 같이 財가 약할 경우에는 食傷이 있어서 財를 生하여 주어야 하는 입장이 되었을 경우입니다.

지금 이 사주와 같은 경우가 되는군요.

印綬가 많아서 官을 洩하고 있고, 과다한 印綬가 財를 역극할 경우 食傷으로 生財官하여 주어 財와 官을 보호하게 하니, 비록 正官格이지만 傷官이 희신이 되게 됩니다.

사주팔자의 글자 한 자 한 자의 위치에 따라 천태만상이 이루어진다라고 하였습니다.

지금 이 사주의 경우도 正官格이지만 官이 둘이며, 印綬가 천간지지로 합쳐 셋, 木이 둘, 土가 하나, 火가 없기에 용신은 傷官生財로 돌아가야 하는 것입니다.

단, 天干과 地支의 위치를 잘 살펴가면서 초정밀적으로 이루어져야 하는 것입니다.

이 사주의 경우도 財가 약한 중에 甲木이 甲剋戊하고 있는데, 중간에 통관시켜 주는 食傷이 없어 財가 파극당할 경우는 丙火 傷官을 함께 쓰게 됩니다.

이러한 中庸의 道를 알지 못하고 맹목적으로 正官格에 傷官을 쓰는 것은 위배되는 학술이라고 치부하는 것은 정상에서 내려다

보지 못한 이유라고 할 수 있습니다.

모든 사주에 일률적으로 단편적으로 적용하여 이야기할 수도 없으며, 사주 하나하나에 따라서 격국 논리와 조후 논리와 자연 논리가 서로 부합되기도 하고, 안 되기도 하는 것입니다.

철현이 이것을 깨달음이 없이는 아니 되기에 간략한 한 마디로 道!라 하는 겁니다. 이제 이 사주에 대한 해설은 이로서 다한 입장이 되면서, 사주상의 病이 무엇인가도 다 나와 버렸네요.

甲辰대운 戊甲剋에 辰토, 시지 월지 申金과 년지 子水와 申子辰 삼합 水局이며, 지금까지 그나마 버텨올 수 있었든 것은 초년大運이 巳午未운이었기 때문인데, 앞으로 大凶한 운이 되니 새로운 사업은 패가망신의 지름길이 된다고 말씀드릴 수 있구먼요.

여기서 항상 주의할 점은 正官格에 傷官대운이 지지로 올 때는 印綬나 財가 반드시 있어야 한다는 것입니다. 정관격에 食傷이 喜神이 되고, 用神이 된다 하더라도 격을 파하게 되는 경우에는 食傷이 용신이 될 수가 없습니다.

이는 道! 조후용신, 병약용신, 억부용신, 통관용신, 격국용신 등등……. 이를 이렇게 생각하면 되겠습니다.

우리가 易을 논할 때 格局은 品格으로서, 자동차로 비유하면 최고급 외제 자동차로부터 대형차, 중형차, 소형차, 중고차, 대형 중고차, 중형 중고차, 소형 중고차, 폐차 직전의 차 등등…… 으로 분류할 수 있겠으며, 用神은 운전사이며, 大運을 자동차 길이라고 표현합니다.

여기에 조후용신, 병약용신, 억부용신, 통관용신, 격국용신 등등은 자동차 공구입니다. 道! 꼭 명심하세요.

좋은 연장과 정비기술을 가진 운전자는 고속도로든 국도든 비포장도로든 난코스의 길이든 간에 그때그때 상황에 따라 다양한 용도의 공구와 연장을 가지고, 사고가 발생해도 무사히 잘 헤쳐 나갈 수 있듯이 조후용신, 병약용신, 억부용신, 통관용신, 격국용신, 일간 용신 등등을 차에 싣고 다니면서 그때 그 상황에 따라 전부 다 사용하여야 한다는 것입니다.

한번 무슨 용신으로 정해졌다고 하여 집에다 연장통을 전부 놔두고 다니는 바보가 되지 마시기 바랍니다. 우리 易도 한번 격과 용신이 정해지면 그것이 고정적이라는 생각을 버려야 합니다.

從도 身弱도 운에 따라 적절히 대처해 가기에 從도 身弱으로 되고, 身弱이 從으로 되기도 합니다. 그리고 適이 나의 편이 될 때 大發함을 잊지 마시기 바랍니다.

19. 여기는 왜 아무 답변이 없는지요?

질문

그동안 쭉 유흥 쪽 일을 해 왔는데, 지금은 그만 둔 상태로 다른 일을 하고 있고요. 제가 궁금한 건 남자 친구가 있는데, 사귄 지는 7년이 되어 가고요. 앞으로 잘 되어 갈런지 궁금합니다?

음력 : 1972년 12월 02일
時 日 月 年 坤 31살

壬 壬 癸 壬
寅 寅 丑 子

乙 丙 丁 戊 己 庚 辛 壬
巳 午 未 申 酉 戌 亥 子
70 60 50 40 30 20 10 0

子丑合土했다고 해야 하는지, 안 그러면 종왕격이라고 해야 할런지, 꼭 火가 와서 유통해 주면 좋아 보이는데…….
丑土 관성은 子丑合하니 이 여자가 내색신지…….
癸수도 있고, 壬수도 있으니 어느 것이 내색신지…….
丙戌과 丁亥년을 어찌 봐야 하는지요?

음력 : 1972년 10월 22일
時 日 月 年 乾 31살

甲 壬 辛 壬
辰 戌 亥 子

己 戊 丁 丙 乙 甲 癸 壬
未 午 巳 辰 卯 寅 丑 子
73 63 53 43 33 23 13 3

食神格에 여기도 火가 꼭 필요한데 여기도 없네요!
여기도 戌중 丁火가 보면 壬子도가 남편이지…….
亥중 壬水가 남편이지…….
丙辰대운 丙辛합수로 制剋하고, 日柱를 辰戌 沖하니 아픔이 있지 않는지요?

답변

음력 : 1972년 12월 02일
時 日 月 年 坤 31살

壬 壬 癸 壬
寅 寅 丑 子

乙 丙 丁 戊 己 庚 辛 壬
巳 午 未 申 酉 戌 亥 子
70 60 50 40 30 20 10 0

壬水일간이 丑月에 태어나고, 월지 장간에서 癸水가 투출하여

劫財格인데, 比劫은 격으로 취하지 않으니 월지에서 格을 잡아 正官格이다. 辰戌丑未는 雜氣이므로 굳이 정확히 표현하자면 雜氣正官格이다.

천간을 壬癸水가 주도하고, 년지 子水와 월지 丑土가 亥子丑方合의 半合인 子丑합으로 水局을 형성하여 全旺格이 되며, 假潤河格이 되겠다.

강력한 水氣를 時와 日支의 寅木으로 洩하며, 월지의 丑토가 윤하격을 濁하게 하지만 亥子丑 方合의 水局에 가담하므로 旺한 水를 克하는 土가 없게 되니 木을 용신으로 하는 승격이 된다.

20살 庚戌대운에 戌토가 윤하격의 病으로 작용하므로 승격에서 파격으로 되며, 己酉대운도 己土를 보게 되니 파격이 된다. 戊申대운은 강력한 壬水를 戊土가 戊壬剋하면서 강력한 水氣의 설기처인 寅木을 沖하니 天剋地沖이 되어 終命하게 되는 단명 사주!

음력 : 1972년 10월 22일
時 日 月 年 乾 31살

甲 壬 辛 壬
辰 戌 亥 子

己 戊 丁 丙 乙 甲 癸 壬
未 午 巳 辰 卯 寅 丑 子
73 63 53 43 33 23 13 3

壬水 일간이 亥月에 태어나고 월지 장간에서 壬水가 년간에 투간하였으나 格으로 잡지 않으니, 시간 甲木이 월지장간에서 투출하

여 食神格. 월지에 건록이 되니 建祿格.

강한 水氣를 시간 甲木으로 洩하며, 맑은 물 壬水를 탁하게 하는 辰戌土를 甲木으로 制하여 濁氣를 없애니 甲木의 이중 역할로 인하여 승격.

초년의 壬子, 癸丑대운은 어려운 환경에서 성장하였으나, 23살부터 용신인 甲木이 祿으로 강하게 들어와서 發福하는 사주라 볼 수 있으며, 丙辰대운은 일주와 天剋地沖하므로 교통사고 등으로 인하여 처자를 먼저 보내고 재혼하게 되며, 巳午未운에 大發하게 된다…….

참참참! 두 사람 궁합을 봐 달라고 하셨지요?

사주 구성과 운이 같이 흘러가니 10년 동안 살아가는 남자는 吉運으로 흘러가고, 여자는 官이 忌神이 되니 결혼과 동시에 어려움이 많게 된다.

남자의 丙辰대운과 여명의 戊申대운에 天剋地沖으로 여명이 자식과 함께 저 세상으로 먼저 가버리는 불행한 운명의 만남이다.

20. 어떻게 풀어야 합니까?

질 문

사주에 대한 정보는 모릅니다.
특이하게 생긴 것 같아 어떻게 풀어야 할지 모르겠습니다.

丙 丁 丁 庚 (여 63세)
午 丑 亥 辰

68 58 48 38 28 18 8
庚 辛 壬 癸 甲 乙 丙
辰 巳 午 未 申 酉 戌

乙 壬 癸 壬 (남 71세)
巳 辰 卯 申

71 61 51 41 31 21 11 1
辛 庚 己 戊 丁 丙 乙 甲
亥 戌 酉 申 未 午 巳 辰

답 변

丁火일간이 亥월에 태어나고, 월지 장간에서 천간 투출이 없으므로 월지에서 格을 잡아 正官格. 正格은 順으로 간다고 하였으니, 앞으로 가고자 하여 木을 찾으니 월지 장간에 甲木이 있으나 微弱하여 파격이다. 특히 官을 극하고자 하는 일지의 丑토와 년지의 辰

土가 있어 파격이다.

정관은 아주 귀하고 귀한 것이라 상처를 받으면 안 되는 것입니다. 그 대신 년간에 財星인 庚金이 있어 일지의 丑土와 年支의 辰土가 正官인 亥水를 극하지 못하게 土의 氣를 빨아들여 官으로 소통시켜 버리네요.

그렇게 되면 食傷이 官을 극하지 못하게 정신없이 일을 하여 돈을 벌게 됩니다. 그 돈으로 허약한 官의 기운을 북돋워 주는 형태가 됩니다.

正官이 비록 손상을 잘 입기는 하지만, 天干으로 투출을 하지 않아서 웬만하면 지켜나갈 수가 있습니다. 만약 亥중 壬水가 天干에 투출하게 되면 대운이나 년운에서 戊土 상관이 오게 되면 한방에 손상을 입게 됩니다. 그러나 지지에 있으니 丑亥 沖하지 못하죠, 또 辰亥 沖하지 못하는 것이죠.

그러니 천만다행입니다. 아무튼 正官이 직격탄을 받지 않으니 승격으로 인정해 드립니다. 그러니 귀한 正官에 損傷을 줄까 모르니 식상에게 정신없이 일을 시켜버리는 것입니다. 괜히 옆에 있다고 집적거리지 못하게 말이죠. 결론은 財生官格.

다음은 일간이 格을 감당할 수 있는지 한번 봐야겠군요.

時지 午火에 통근한 丙丁火가 天干에 투출하여 약하지 않군요. 특히 女命은 조금 신약한 듯한 것이 吉命이라 했습니다. 그리고 어차피 귀한 正官이 天干에 투출하지도 못한 마당에…… 잘 된 겁니다. 밖에 나가서 열심히 일만 하는 겁니다.

그러나 印綬가 없으니 품위 예절 같은 것을 어머니에게서 많이 받지 못하여 아쉽습니다. 그러나 일간이 약하지 않고 생재관격이니 돈을 잘 벌어서 서방님을 위하여 주니 열녀라고 소문이 날 수도 있습니다.

초년부터 天干의 印綬와 地支로 財가 동시에 들어오니 아주 좋습니다. 18살 아주 예민한 시기에 乙酉와 甲申이 줄줄이 들어오니 지장간에 약하게 있던 印綬가 天干으로 나온 형식이 되면서 地支로 온 金은 식상의 氣를 洩하여 正官인 亥水를 생하여 주니, 초년에 부모가 잘 되니 좋은 집안에서 공부도 열심히 하면서 품위도 지켰다고 봅니다.

그래서 천만다행인 것입니다. 사주상에 없던 甲乙木이 초년 대운에서 계속 들어와 주어서 파격에서 승격으로 된 겁니다.

참고로 말씀드립니다. 어느 분이 格局에 대하여 이렇게 이해를 하고 계시더군요. 어떻게? 格局이란 일간의 신강신약을 보는데 필요한 것이라고요.

여러분 맞나요? 맞는 것 같기도 하죠? 어차피 월령에 대비하여 일간의 신강신약을 보는 것인데…….

여러분!! 명심하세요. 일간을 월령에 대입하여 신강신약을 봅니다. 그러기에 자평에서 자평인가 하는 저울로 월령에 대비한 일간 용신을 가려낸다고 이야기 합니다.

그런데 아주 중요한 것이 하나 더 있습니다. 뭔가? 철현이 고서를 공부하다 보니 이런 말이 있더군요.

格局이라는 말이요!

신강신약을 가리기 위한 것이라면 그냥 월령대비한 일간의 용신이라고 하면 될 텐데 무엇 때문에 후학들 머리 아프게 格局이라는 어려운 용어를 만들어서 쓰는 것일까요?

格局이란 기호이며 부호입니다. 이런 기호, 부호를 그냥 심심해서 만들어 놓은 건 아닐 테지요. 반드시 필요한 이유가 있으니 先學들이 만들어 놓은 것입니다.

간편히 신강신약을 판단하여 유추하면 될 것을 굳이 골치 아프게 여러 가지로 格을 구분해 놓았을까요?

[命理正宗 精解. 明文堂 沈載烈 編著 48P 中略]

“또 至富하고 至貴한 사람의 경우를 살펴보면 반드시 먼저 그 筋骨을 勞苦하고 體膚를 말리며, 그 心身을 공허하게 한 뒤 忍性을 닦고 不能한 바를 增益케 하여 그 능력을 함양한 後에 비로소 大器를 이루는 것이니 人命의 묘함이 또한 이와 같은 것이다. 혹 어리석은 사람이 病藥說의 원리를 알지 못하고 번번이 中和法만 가지고 人命造化를 살피니 十에 一二나 證驗함이 있을 것이다. 또 財官으로 主論하나, 또한 다 그 歸趣와 근원을 一例로 말할 수 없다. 따라서 病藥說의 취지를 모르고 거듭 財官과 中和만을 中心한다면 곧 八九는 잃어버리고 造命의 조화를 論雜하게 될 것이니 命造의 妙함이 實로 이와 같을 것이다.”

道! 여러분들 곰곰이 잘 생각해 보시기 바랍니다.

이제 사주 해설로 돌아가서 辛巳대운에 正官인 남편을 天剋地沖

으로 저 세상으로 보내 드리는구먼요.

乙 壬 癸 壬 (남 71세)
巳 辰 卯 申

71 61 51 41 31 21 11 1
辛 庚 己 戊 丁 丙 乙 甲
亥 戌 酉 申 未 午 巳 辰

壬水 일간이 卯월에 태어나고, 월지 장간에서 乙木이 시간에 투출하여 傷官格. 그런데 여기서 傷官格이라 하여 일률적으로 무조건 印綬를 用한다고 해서는 안 됩니다. 易은 陰陽으로서, 傷官에도 吉과 凶의 작용이 공존하고 있습니다.

傷官은 나쁜 놈이니 무조건 偏印으로 制하여야만 한다는 것이 아닙니다. 傷官이 일단 凶神이긴 하나, 일은 정말 잘 합니다. 올바른 이치도 깨닫지 못하면서 傷官이 凶神이라 하여 무조건 인수를 찾으면 안 되는 것이지요.

易에는 분명한 이치가 있습니다.
첫째, 傷官格은 正官을 보지 말아야 한다는 것이며,
두 번째, 傷官을 감당할 수 있는가 없는가를 먼저 봐야 하며,
세 번째, 傷官을 설기시킬 財가 있는가 없는가를 또 봐야 하며,
그리고 나서 마지막에 이것도 저것도 없으면 인수가 있는가를 봐야 합니다.

일단 상관격은 일간이 신약이 될 가능성이 큽니다. 傷官格에는 고서(古書)에서도 제일 많은 양으로 다루어 놓았습니다. 왠가? 상

관은 일방적으로 이야기해서는 안 되기 때문입니다.

道! 첫 번째, 傷官格에 일간이 상관을 다스릴 충분한 힘이 있으면서 흘러갈 財가 있다면 이는 정말 죽여주는 사주입니다.

道! 두 번째, 왠가? 우리 인간은 일단 무엇인가 먹고 살아가야만 합니다. 그렇지 않나요? 사람이 왜 사는가? 먹으려고 살고, 살기 위하여 먹는 것입니다. 이와 같이 사람이 살아가기 위해서는 우선 먹어야 하는 것입니다. 그러기 위해서는 돈을 벌어 와야 합니다.

내가 건강하고, 일 잘 하는 일꾼 있겠다, 돈 있겠다, 금상첨화가 아닌가요?

傷官 用印格이지만, 즉 꿩 대신 닭이란 이야기이지요.

왠가? 왜 財를 쓰지 뭐하려고 印綬를 쓰나요? 힘이 넘쳐나는 황소가 있는데, 황소가 일을 하고 싶어 미치려고 하는데 왜 일 하지 말라고 말린 건가요? 수천 명 부하직원들이 돈 팍팍 벌어오려고 하는데 너희들 일하지 마라, 돈 벌어 오지 마라 할 이유가 없잖아요?

食傷은 돈을 벌어 주는 일꾼이기에 일을 하고자 한다면 열심히 시켜야 합니다. 내가 감당을 못할 경우에 일단 내가 먼저 건강을 찾고자 하여 印綬를 쓰는데, 이는 印綬가 나를 생하는 힘이 되기는 하지만, 일 하고자 하는 일꾼을 일 못하게 만듭니다.

아니 그래 가지고 어떻게 부자로 잘 살고자 합니까?

道! 아주 간단한 이치인데도 이것을 이해하지 못하고서 傷官格이니 반드시 어떻게 해야 한다는 생각만을 가져서는 안 됩니다.

傷官 生財格은 부자로 잘 산다. 傷官 用印格은 가난하게 살아야 한다 그 말이 아닌가요. 아주 작은 이치입니다!

다시 사주를 봅시다.

傷官 生財格에 71살 辛亥가 乙巳를 天剋地沖하여 命을 다하게 됩니다. 이상.

21. 용신이 水일까요? 아니면 木火일까요?

現 42살 여자

壬 丙 庚 辛
辰 子 子 丑

69 59 49 39 29 19 9
丁 丙 乙 甲 癸 壬 辛
未 午 巳 辰 卯 寅 丑

질 문

子월 丙子일생입니다. 시지의 辰은 자진 반합으로 水로 변한 것으로 보이고, 庚辛은 水를 도우는 형상으로 보입니다.

흐름이 水로 향한 것으로 보이고, 병화는 의지할 곳이 없어 보이지요. 종살격으로 보입니다.

알쏭달쏭

① 이렇게 되면 용신이 水가 되는 것으로 봐야 하는 것입니까? 희신은 금일까요?

② 종살격으로 보지 않고 辰에 숨어 있는 乙목을 인성으로 用神할 수는 없는 것일까요?

선배님들은 어떻게 보십니까?

답 변

현 42살 여자

壬 丙 庚 辛
辰 子 子 丑

69 59 49 39 29 19 9
丁 丙 乙 甲 癸 壬 辛
未 午 巳 辰 卯 寅 丑

假從格이군요. 왠가? 申子辰에 申金이 빠졌기에 子辰합수는 신자진의 반합으로, 그 규모를 비교하자면 삼합이 전 세계이라면 반합은 우리나라 안이고, 삼합이 주식회사라면 반합은 동업 정도의 소규모 업소입니다. 삼합은 나라의 일이고, 반합은 집안 일인 것입니다.

그리고 辰중 乙木이 있기에 假從으로 볼 수 있겠네요. 그러나 아닙니다. 철현이 항상 이야기한 大運!! 즉, 사주가 從의 형태를 띠고 있더라도 大運이 從을 못하게 하면 從을 할 수가 없습니다.

이 사주의 경우도 丑토가 水를 막아서 從을 못하는 것이 아니며, 辰土가 水를 막아 從을 못하는 것이 아니라 大運이 결정적으로 從을 못하게 한 것입니다.

眞從은 大運이 막으면 염라대왕이 바로 불러 가버립니다. 지금 이 분 나이가 몇이신가요? 아직까지 염라대왕이 불러가지 않은 것 하나 만으로도 이 분은 假從입니다. 假從은 어렵고 힘들게 살아갈 수밖에 없습니다.

철현이 대운은 보니 時支 辰土+寅木으로 중간에 旺支가 빠진 木이네요. 木으로 大運이 흘러 水生木, 木生火로 돌아가고 있었네요.

甲辰대운 甲木이 천간으로 나와 주니 그나마 木을 의지하면서 살아온 것입니다. 甲庚克은 壬水있어 통관시키니 무난합니다. 乙巳대운 죽을 고생을 하실 겁니다. 乙목이 乙庚합과 乙辛극되니 木이 사라지는군요.

巳火가 어렵지요. 子水에……. 寅卯의 木보다 못합니다.

왠가? 丙巳祿, 丙午旺이기에……. 制殺格이라면 短命입니다. 從격에서 制殺로 돌아서면 短命이 됩니다.

그나마 木火운으로 흘러주니 旺한 地支 水局을 살살 달래어 가면서 조심조심하니 子수가 木이 가는 대로 지켜보고 있으니 무난한 것입니다. 만약 戊토나 辰토로 旺한 水를 막고자 한다면 철현이라도 성질나서 못 참습니다.

丙午대운에 命을 다 합니다. 왠가? 午火는 寅卯의 木이 아니기 때문입니다.

戊壬극의 制殺로 돌아서는 것이나, 丙壬극 子午沖이나 다 같은 원리로 성립되기에 丙午대운 중 子午沖 되는 년 월 일 시에 命을 다 하시게 됩니다.

죽고 사는 것 모두 하느님과 염라대왕이 관장하신다고 이야기했지요.

制殺格의 구성은 貴格 사주이지만, 이 사주와 같이 從을 하다가 制殺을 하고자 하면 短命인 것입니다. 旺者沖發하여 短命하게 됩니다.

죽고 사는 것을 초월하시는 겁니다. 그리고 내일 죽는다 하여도 오늘 만큼은 즐겁고 보람되게 살아가시는 것이 행복입니다…….

22. 하늘나라 가신 분의 답변

질 문

하늘나라 가신 분인데요…….

이 분은 음력 1951년 11월 5일생인데 생시를 잘 모른다고 합니다. 辛卯년 己亥월 丁丑일이 되고, 48세부터 甲午大運에 드는 셈이죠.

목재업을 하다 지난 庚辰년 己丑월 丙申일에 폐렴으로 응급실에 입원했다가 辛巳년 庚寅월 己亥일에 하늘나라에 가신 분입니다. 그렇다면 생시는 甲辰時가 아닐까 궁금하게 되는데, 선생님의 고견을 듣고 싶습니다.

乾
甲 丁 己 辛
辰 丑 亥 卯

48 38 28 18 8
甲 乙 丙 丁 戊
午 未 申 酉 戌

답 변

庚 丁 己 辛
子 丑 亥 卯

48 38 28 18 8
甲 乙 丙 丁 戊
午 未 申 酉 戌

일단 님이 말씀한 甲辰時는 어째서! 나온 것인지 알 수가 없으나 철현은 甲辰時가 아니라 보는 겁니다.

목재업을 하다 지난 庚辰년 己丑월 丙申일에 폐렴으로 응급실에 입원했다가 辛巳년 庚寅월 己亥일에 하늘나라에 가신 분이라면 이미 답은 다 나온 겁니다. 그냥 庚辰年 己丑月 丙申日과 辛巳年 庚寅月 己亥日에 짜 맞추어 보기만 하면 되는 것입니다.

님은 그 분이 목재업을 하였다고 하니 甲辰時로 잡은 것 같으나 사실은 아닙니다. 왜냐면 甲辰時로 났다면 甲午대운에 命을 다하지 않는다는 것입니다.

철현의 생각에는 庚子時입니다. 왠가? 일단 庚子시가 되어야 甲午大運에 命을 다하게 되기 때문이지요. 辛卯년 己亥월 丁丑일 甲辰시로 태어난 사주는 甲午대운에 命을 다할 이유가 없기 때문입니다.

庚子時를 넣게 되면 사주 구성이 완전히 달라지는데, 지지가 亥子丑 方合이 이루어지며, 년간 辛金, 시간 庚金으로 丁火日干이 신약이 됩니다.

그러니 從을 하여야 하는데, 월지 亥水와 년지 卯木이 亥卯合을 하여 亥子丑 方合의 강한 水氣를 설기하면서 丁火을 生하여 주니 신약사주가 되지만, 從을 하지는 못하는 것입니다.

乙未大運에 乙木이, 대운 未土와 월지 亥水와 년지 卯木과 亥卯未 三合 木局을 이루며, 극신왕이 되면서 시간 庚金을 合하고, 년간 辛金과 乙辛剋하며, 지지 亥卯未 方合에 木이 극왕해지니 목재상으로 돈을 많이 벌게 된 것입니다.

그러나 甲午大運에 대운이 바뀌면서 그 좋았던 亥卯未 木局이 꿈과 같이 사라지고, 시 庚子와 天剋地沖을 하므로 사주상에 病으로 있던 金이 손상을 받게 되지요. 金의 臟器가 무엇인가요. 기관지와 폐, 대장이 아닌가요. 또 사주상에 물이 강하게 어찌 되겠나요?

폐렴, 즉 金水가 너무 차고 열기가 없으니, 쉽게 말해서 폐에 습기가 많으면 병균이 와글와글 하는 겁니다. 초년부터 천간이 받쳐주니 어려워도 그냥 지내왔다고 볼 수가 있고, 乙未大運에 목재상으로 大發하고,

甲午大運 들어오면서 너 죽고 나 살자고 싸우는데, 극신약 丁火가 강한 亥子丑을 우습게 본 것입니다. 甲木이 庚金을 우습게 보니 丁火는 고래싸움에 등터진 새우가 되어 버린 꼴입니다.

甲午大運 중에 丙子 丁丑 戊寅 己卯年까지는 木火運이라 그냥 버텨왔으나, 庚辰년 庚金이 힘을 받아 木을 치게 되고, 辰土는 申子辰에 申子合水가 되는 것이며, 己丑월은 北風寒雪이 휘날리는 최고의 추운 날이라 폐렴이 최고로 악화하는 것이 당연한 것이지요. 그리고 亥子丑 北方 水運에 合하여 강한 자에게 아부해 버린 거죠.

찬바람이 염라대왕인거죠. 丙申日은 庚金과 마지막으로 한판 한

것입니다. 그러나 丙申日은 申子辰의 水局에 合해 버립니다. 그런데도 丙火가 申金을 이겨보겠다고 덤빈 거죠. 실제로 申金은 丙火가 이길 수 있는 金이 아니라 申子辰의 旺한 水인줄을 몰랐던 거죠. 바보처럼 말이죠.

辛巳년 庚寅월 己亥 일은 순간 척 보는 순간 寅申巳亥로 刑殺이구면요. 그리고 辛巳年 立春이 지나가면 안 됩니다. 왠가? 다들 아실 겁니다. 날씨가 풀리면 소생하지 않나요? 그러니 바이러스들이 때를 놓칠 수는 없는 것이죠. 그리고 하느님도 때를 이미 다 정해 놓았는데, 폐렴은 亥子丑 月을 넘기지 마라 했는데도 의사가 藥을 팍팍 쓰는 바람에 조금 늦어졌으나 解凍하기 전에 命을 다해야 만이 사주팔자가 척척 맞아 떨어지게 됩니다.

마지막, 己丑일은 월지 복음살이며, 亥子丑의 맹위를 약속한 날이구면요.

고인의 명복을 빌어드리며…… 좋은 연구 자료를 올려주신 님에게 다시 한번 감사의 말씀을 드립니다.

23. 볼링코치 시험 될까요?

음력 : 1970년 05월 06일 평달
時 日 月 年—坤—32살

辛 庚 壬 庚
巳 申 午 戌

甲 乙 丙 丁 戊 己 庚 辛
戌 亥 子 丑 寅 卯 辰 巳
71 61 51 41 31 21 11 1

음력 : 1969년 09월 06일 평달
時 日 月 年—애인-33살

庚 甲 甲 己
午 子 戌 酉

丙 丁 戊 己 庚 辛 壬 癸
寅 卯 辰 巳 午 未 申 酉
73 63 53 43 33 23 13 3

질 문

현재 고등학교 볼링 코치를 맡고 있으며, 선생님이 되려고 임용고시를 준비 중입니다. 12월 9일날 시험을 치릅니다.

결혼은 아직 안 했구요. 애인은 있어요. 애인과 결혼해야 하는데 이룰 수 있을까요? 언제쯤 결혼할 수 있을런지요? 또 직장 운과 시험 운은 어떤지요? 꼭 합격해서 선생님이 되고 싶은데……. 전에는 볼링 선수였구요. 꼭 지금 애인과 결혼하고 싶어요. 비법이 있으시면 알려 주세요……. ^^*

답변

음력 : 1970년 05월 06일 평달
時 日 月 年—坤—32살

辛 庚 壬 庚
巳 申 午 戌

甲 乙 丙 丁 戊 己 庚 辛
戌 亥 子 丑 寅 卯 辰 巳
71 61 51 41 31 21 11 1

庚金 일간이 午월에 태어나고, 천간 투출이 없으므로 월지에서 格을 정하여 정관격인데, 시지에 巳火가 하나 더 있어서 官殺混雜格.

時支의 巳火를 일지 申金이 巳申합으로 格을 맑게 하였다고는 하지만, 사실 巳火가 일지에 합이 된 것은 조금 문제가 있는 것입니다. 하지만 일단 合殺은 合殺로 보고 승격으로 간주합니다.

애인이 있다고 했는데, 格用을 정해가는 마당에 午火의 사주 구성을 한번 살펴보고 갈 수밖에 없겠죠. 왜냐하면 사주 구성은 구성이고, 격은 격이기 때문입니다.

時支 巳火는 日支 申金이 巳申합하여 合殺하였다고는 하나 巳火는 시간 辛金과 간지를 이루고 있고, 월지 午火는 년간 庚金의 뿌리인 戌土와 午戌합을 하고 있습니다. 그것이 어찌 되었다는 말씀이신가요?

사실 말하자면, 日干 庚金은 자기 남자가 없다는 것입니다. 무슨 말씀인가 하면, 時支 巳火는 時干 辛金과 암합, 즉 丙辛합하여 시간 辛金을 자기의 본부인으로 알고 있으며, 일지 申金과도 巳申합하여 庚金을 편재인 애인으로 보고 있는 형편이며…….

월지 午火는 년간 庚金을 正부인으로 알고 있으며(丁火에서 庚金이 正財), 일간에서도 월지 丁火가 나의 남편이지만 午戌합을 하고 있는 것이 조금 마음에 걸리는구만요.

아무튼 사주 구성은 묘하게 짜여졌으나 얽히고 설켜서 승격. ^.^

月지 午火가 년지 戌土와 午戌합 火하여 火가 强해지는 것을 時지 巳火가 일지의 申金과 巳申합 水하여 강력해지는 午火의 세력을 견제하는 꼴이니 그냥~ ~ ~ ~ ^.^

월지 午火가 合한 것은 일지와 시지가 合水하여 火극 水하니 지지의 合은 견제한 것으로 하고, 천간으로 金이 셋이나 투출하고 일지에 祿이며, 년간 庚金은 戌토에 通根하여 火旺節에도 金이 弱하지 않으니, 월간의 水가 强한 金의 氣를 설하면서 조후를 조절하는 조후용신입니다.

水가 용신이며, 사주상에 木이 없는데 大運에서 오는 木을 財로 삼아 食神 生財하는 것입니다. 즉 大運이 잘 흘러간다 이 말씀이지요. 그리고 시험을 친다 하셨지요?

아무튼 한번 해 보는 겨. ^.^

정말 어려운 겨. 왠가? 지금 대운이 戊寅대운입니다. 즉 무슨 이야기인가 하면 선생 + 볼링, 즉 金日主이니 운동을 하는 겁니다. 그리고 壬水가 용신이니 선생님 하는 것이고요…….

그런데 戊寅대운의 戊토가 壬수를 戊壬剋하고 있잖아요. 그리고 내년 壬午년에 역시 戊壬剋하지요. 地支로는 寅午戌 三合의 강력한 火局을 이루고요.

이제 예, 아니오를 해야 할 입장구만요. ^.^

답 ☞ 합격입니다.

왠가!

大運이 막고 있기에 서울대 교수까지는 못 하더라도 조교 정도라도 해야 할 것을 못 하고, 고등학교 체육선생을 한다고 보는 겁니다.

戊土가 壬水를 막고 있으나, 地支의 巳申합 水가 강력히 받치고 있기에 고등학교 선생님이신 겁니다.

내년에 壬午년은 사주상에 있는 용신운이며, 地支는 格으로 함께 들어오니, 즉 食傷과 官 명예가 함께 들어오니 고등학교 선생님 쯤이야…….

특히 大運의 寅木은 월지 午火와 년지 戊土가 合하여 寅午戌

三合의 강력한 火局이 이루어집니다.

됩니다! 그러니 사실 戊土는 일간이 조금 弱해진 것을 도와주는 의미가 있는 것이지요. 그리고 내년 壬午년은 역시 대운과 사주와 함께 寅午戌 강력한 火局이 되니 戊土가 일간을 도와주는 입장도 된다고 보는 것입니다.

단, 壬午년은 월간 복음살이 됩니다. 그리고 년간 庚金과 강력한 라이벌 입장이 되어 마지막 치열한 경쟁으로까지 갈 확률이 있습니다.

그리고 내년 시집도 가는 겁니다. 좋구나!

24. 구강 미생물 연구

음력 : 1971년 07월 23일
時 日 月 年—坤—31살

己 庚 丁 辛
卯 子 酉 亥

乙 甲 癸 壬 辛 庚 己 戊
巳 辰 卯 寅 丑 子 亥 戌
79 69 59 49 39 29 19 9

질 문

현재 구강미생물에 관한 연구를 하고 있습니다. 그런데 최근 진로 문제로 갈등하고 있습니다. 계속해야 하는지 아니면 유학을 가서 다른 일을 해보고도 싶고요(예술 방면). 전 손재주가 좋은 편이며, 유행감각이 뛰어나다는 말을 많이 들어 왔습니다. 저도 그런 쪽으로 하면 잘 할 수 있을 것도 같구요.

그런데 나이가 좀 많지요. 아직 결혼은 하지 않았습니다. 체격은 좋은 편이며, 운동을 좋아합니다. 영화도 무척 좋아합니다.

결혼은 좋은 사람이 없어서 아직 하지 않고 있으나, 좋은 사람 만나면 할 계획입니다. 좋은 사람 만날 수 있을까요?

답 변

음력 : 1971년 07월 23일
時 日 月 年—坤—31살

己 庚 丁 辛
卯 子 酉 亥

乙 甲 癸 壬 辛 庚 己 戊
巳 辰 卯 寅 丑 子 亥 戌
79 69 59 49 39 29 19 9

庚금 일간이 酉월에 태어나고, 월지 장간에서 辛금이 년간에 투출하니 월지 양인격으로 승격.

用神은 당연히 월간 丁火이며, 喜神은 時支 卯木으로, 大運이 아름답게 흘러가 주질 못한다고 봐야 합니다. 월간 丁火가 時支 卯木의 生을 받기는 하나, 너무 멀고 여건이 불리하게 되어 있습니다.

* "현재 구강미생물에 관한 연구를 하고 있습니다. 그런데 최근 진로 문제로 갈등하고 있습니다."

요는 丁火불이 약하니 현미경을 들여다보면서 보일까 말까하는 그 무엇을 찾는다는 것이 아닌가요?

大運이 木火운으로 흘러가면 좋겠으나 大運이 亥子丑 北方 水運이며, 水生木 木生火하려니 먼저 고통을 겪고 난 이후라야 하며, 木이 喜神이며, 財이니 돈이 있어야 남편도 있게 생겼군요.

아!~~~ 그리고. 지금 大運이 庚子, 庚子로 복음살이 되는 것이 아닌가 모르겠네요. 그리고 日支 桃花살에 절대적이라고는 할 수 없지만 孤寡살(즉 과부살, 甲寅, 甲午, 乙未, 丙午, 丁巳, 丁未, 戊申, 己酉, 庚申, 庚子, 辛亥 등)로서 格이 좋아 上格이면 무난하나 格이 좋지 못하면 조금 문제가 있을 수 있다고 볼 수 있고요…….

* "결혼은 좋은 사람이 없어서 아직 하지 않고 있으나 좋은 사람 만나면 할 계획입니다. 좋은 사람 만날 수 있을까요?"

내년 壬午년은 庚辰 辛巳년 보다 좋아집니다.

사실 일지에 寅木 있으면 庚午년에 애인 만들고, 丙子 丁丑년에 시집을 가고도 남습니다.

내년 壬午년은 자식과 午火 官이 들어오니 그냥~ 시집을 가는 겁니다. 철현이 줄줄이 외우고 있는 日主의 아가씨들은 고집이 세다. 일지인 남편 궁에 비겁(比劫), 즉 동서가 있다거나 傷官 즉, 남편을 극하는 오행이 자리하고 있다거나, 桃花살이 있으니 지가 예쁘다고 잘난 체하며, 콧대 높이기 없기를 바랍니다.

25. 이혼할 운이 있는지요?

년 월 일 시
壬 戊 庚 乙
戌 申 辰 未(여 47세)

56 46 36 26 16 06
丙 乙 甲 癸 壬 辛
戌 酉 申 未 午 巳

질 문

안녕하세요.
가르침에 감사드립니다.

戊토 일간에 辰월이니 건록격 년간에 을목이 투출하여 정관격, 乙庚합극이 되니 파격으로 보았습니다.

월지에 辰토 년지와 시지의 불을 낀 토이니 신강으로 보고, 용신은 시간의 壬수로 생각하는데 맞는지요?

격국으로 보면 乙庚합인 월간의 庚금이 병인데 용신인 壬수 입장에서 보면 희신이 되니 어떻게 이해하면 되겠습니까?

이 분의 남편은 자주 바람을 피우는 것 같고요.
이 분도 마찬가지로 바람을……. ^^
올해도 남편이 바람을 피운 것 같고요.

자식도 좋아보이지는 않습니다. 아들은 없고요.
올해 별거생활을 하였지만 이혼은 하지 않았고요.
이 분은 생활력은 강하여 작년에 새집을 마련하였습니다.
내년에는 이혼 운이 있는지요? 아니면 그냥 넘어가겠는지요?
이 초학이 감을 못 잡고 있습니다.
바로 잡아 주십시오. 부탁드립니다.

답변

壬 戊 庚 乙
戌 申 辰 未(여 47세)

56 46 36 26 16 06
丙 乙 甲 癸 壬 辛
戌 酉 申 未 午 巳

년간에 을목이 투출하여 정관격 → 요것도 진술축미에서 천간 투출한 경우에는 잡기라고 꼭 붙여 주어야 합니다. 그래서 雜氣 正官格. 乙庚합극이 되니 파격으로 보았습니다.

월지에 辰토 년지와 시지의 불을 낀 토이니 신강으로 보고, 용신은 시간의 壬수로 생각하는데 맞는지요? → 맞죠 맞죠! 월지 장간에서 乙木이 년간에 투출하여 正官格이나, 正官이 食神인 庚金과 乙庚합을 하여 木이 金으로 化하여 정관격이 그냥 파격인겁니다.

이럴 땐 時干 壬水가 유일하게 일지 申金에 통근하여 투출하여 偏財格. 즉 格이 破하여 격으로 取用이 되질 않을 때에는 천간에 투출한 強한 五行으로써 格을 잡고, 천간 투출로 격이 잡아지질 않을 때는 다시 月支로 월지로 잡게 됩니다. 단, 격을 정하였으나 취용이 되지 않아 다른 것으로 격을 잡을 때는 격이 많이 떨어진다고 보면 되는 겁니다.

* "격국으로 보면 乙庚합인 월간의 庚금이 병인데 용신인 壬水 입장에서 보면 희신이 되니 어떻게 이해하면 되겠습니까?"

乙木이 서방님인데 자식 사랑은 또 유별나단 말씀이야! ^.^

그렇지 않아도 지장간에서 투출할 때부터 바람쟁이인걸 알았구먼요! 그리고 戊土일간 성질 나쁜데, 성질 한번 내려고 하면, "나 없다" 하면서 숨어버리니 답답하고…….

어차피 팔자가 그렇고 그러면 壬水 돈이나 벌어야 하는데 도움이라도 주니…….

걍!……. 에고 여자도 아닌 을목 아이고 팔자야! 저걸 걍!…….

안 그래도 甲寅, 甲午, 乙未, 丙午, 丁巳, 丁未, 戊申, 己酉, 庚申, 庚子, 辛亥 일주는 승격인 경우는 무난하나 破格은 문제가 있다고 했는데, 이 외로운 과부살을 타고 난 팔자니 어쩌나요.

에고, 戊土(大山), 金(돌맹이, 탄광, 석탄, 철광석)으로 완전히 도봉산 꼭대기, 아니 오봉산 바위틈에 未土 辰土 작은 흙먼지 속에 癸水 고여 있고, 그 틈바구니에 겨우 머리 내민 풀꽃이니, 아름답다 해야 할지……. ^.^

* "이 분의 남편은 자주 바람을 피우는 것 같고요. 이 분도 마찬가지로 바람을……" ^^

戊申을 무시하면 되나요? 성질 있고말고요. 네가 하면 나도 한다 이 말씀이야. 아니, 큰 戊土가 食傷 본능이 둘째가라면 서러운데…… 또 옛날 같았으면 아들 딸이 열두 명인데……. 으~~~~앙 저 乙木 때문에 미치겠다 하겠지요.!

그보다 더욱 더 중요한 것은 乙木이 그래도 身旺한 戊土에 乙庚合金하여 財의 뿌리가 되어 주며, 남편으로서의 자격은 없으나 戊土의 중화를 이루는 데는 공헌한 바가 크므로 그냥 참고 지냈다고 볼 수 있다.

그러나 辛巳년이니 乙辛克하여 合을 깨어 乙木이 合에서 풀려나고, 풀려난 乙木을 상관이 극하게 되니 꼴이 보기 싫어진 것입니다. 봐주고 싶어도 이미 乙酉대운에 들어와 버린 것입니다.

특히, 乙木이 사주상의 病으로 나타난 이상 大運에서는 보지 않아야 하는데, 乙酉로 官을 보게 되었으며, 乙木은 正官이며, 酉金은 傷官이다. 즉, 傷官 위에 있는 正官은 이미 죽은 목숨이나 다름없다.

乙酉대운은 대운의 酉金과 일지 申金과 시지 戌토와 申酉戌 方合에 월지 辰土까지 酉金에 酉辰合金을 하며, 천간 乙木은 乙庚合金으로 전부 金에 종속하게 되니 中和를 잃게 되면서 甲申년부터 凶으로 작용하게 되며, 乙酉년은 年運과 복음살로 사업, 돈, 자식, 남편의 사별 등, 가정사에 어려운 고난이 예상된다.

에고!~~~ 그래도 그때가 좋았는데…….

26. 이것이 인생이라면 차라리… 줄줄창

질 문

먼저 즐겁지 못한 사연을 올려서 죄송합니다……. 정말 웃기는 청춘들이라서……. 죄송합니다……. 조금 자세히 설명을 해주실 수 없는지요?

너무너무 번거롭게 해드려서 죄송합니다……. ^.^ 실은 이런 사주를 잘 풀어야 발전이 있지 않을까 해서요. 우리네 인생사가 이처럼 얽히고 설킨 게 많다 보니…….

음력 : 1963년 04월 15일 평달
時 日 月 年 坤 39살 본부인

乙 辛 丁 癸
未 亥 巳 卯

乙 甲 癸 壬 辛 庚 己 戊
丑 子 亥 戌 酉 申 未 午
80 70 60 50 40 30 20 10

한 번에 너무 많은 사주를 올려서 도통 무슨 이야기인지 알 수가 없네요.

답 변

그냥 대충 사주를 하나씩 간단히 봅시다.

이 여자 분은 남편이 지금 바람을 피웠다 그 말인 것 같은데…….

辛金일간이 巳월에 태어나고 월지 장간에서 천간 투출이 없으며, 월간에 丁火가 투출, 丁巳는 干支同으로 正偏官 混雜격으로 년간 癸水가 丁火를 剋하고, 월지의 巳中 丙火만을 남겨 正官격으로 승격이 되려 하는데, 일지 亥水가 巳亥沖 해서 다시 破格이 된 경우이다.

日支 亥水는 년지 卯木과 시지 未土를 亥卯未 三合으로 묶어 巳亥沖을 해소하니 파격 후 승격이 된다.

일간 辛金은 년지 卯木에 根이 없고, 巳중 戊庚丙이니 사실상 無根이며, 亥중 戊甲壬으로 無根, 未중 丁乙己로 無根이며, 일지 亥卯未 三合에 丁巳월이 되니 從財에서 다시 火로 化하여 從官格으로 되고, 년간의 癸水가 病으로 작용하고 있는 정말 복잡한 사주입니다.

년간 癸水는 시간의 강력한 乙木을 生하고, 乙목은 다시 丁화를 생하는 입장으로 되니 파격 후 승격. 大運에서 오는 金이 木을 克하면 평지풍파가 나게 되는데, 올해 39살 보통 아홉수가 안 좋다고 하는데…….

내년 40살에 대운이 바뀌며 辛酉대운으로 이어지고, 지금 남편이 바람이 났느니 어쩌느니 하는데, 사실 大運이 시키는데 어쩌나요.

즉, 결론은 巳火를 沖하고자 하나 亥卯未로 잡아 지금까지 왔으나, 辛酉대운은 丁巳와 한판 하게 됩니다. 天干은 丁辛극으로 地支는 巳酉合金해서 亥卯未와 한바탕하게 되지요.

무슨 이야기인가 하면, 지금까지는 순진한 척하면서 참고 살아오며 남편 뒷바라지를 잘 했다는 것이나, 辛酉대운에는 어느 날 갑자기 강력한 비겁(比劫)이 생겨남으로 인하여 힘없는 사람은 참는 것이 최고인데, 亥卯未 三合과 한판 붙게 되니 그렇게 되면 둘 중 하나는 결판이 나야 하는 것입니다.

이는 최악의 운으로, 사실 철현은 이런 사주에서는 乙酉년이 건강상 큰 문제가 오리라 봅니다.

또한, 남편 문제는 辛亥일주이니 丁辛극, 巳亥충, 三合과 三合의 局대결, 일지 傷官이 官을 밀어내고, 성질도 나빠지게 되고, 아무튼 올해는 전초전이라고 보면 됩니다.

문 초혼 실패 후 재혼했음……. 요는 고서를 한번 인용해야 현겨 신해일주 ^^ 의처증이 있어 보임……. 현재 남편이 하던 주방용품 관련 일을 아래 여인과 동업한 남편 대신해서 아래 여인과 같이 하고 있으며, 눈치는 신랑과 썸싱이 있다는 심증은 있어도 확실한 증거가 없어서……. 현재 아래 여인과는 그래서 사이가 서먹하고……. 대립에 가까운 관계로 알고 있습니다…….

문 월일간이 천간지충이라 문제 있다는 것은 알겠습니다. 그러나 從官格에 癸水가 病이라고 하셔서 고개만 갸우뚱…….

답 월일간의 천극지충은 因子인 것입니다. 因子! 천극지충이 있고 없고는 運에서 어떻게 作用하는가에 따라서 문제가 될 수도 있고, 없을 수도 있는 것입니다. 무엇이 고개만 갸우뚱인가요? 地支로 亥卯未의 三合 木局이 月令을 得하고 있는 火를 生하고 있고, 日干은 根이 없으니 强한 세력을 따라 從官을 해야 하는 겁니다. 그런데 强한 火를 水가 克하고자 하니 水가 사주상의 病이 되는 것이 당연하지 않나요.

문 올해 辛巳와는 日主를 沖하고 자식을 沖하니 인공수정인가 뭔가를 권해서 官災수를 병원으로 대신하여……. 내년쯤 어떨까 하고 권해 볼까 생각중입니다…….

답 맞죠 맞죠! 님의 발상이 정말 기가 막히게 좋네요. 철현 생각에도 만약 그렇게 해서라도 가정이 안정이 된다면 백 번 권해 드리고 싶군요. 그러나 大運은 님의 진정한, 순수한, 애틋한 동정심을 무참히 비웃고 있군요. 그러니 하나만 보지 말고 둘도 보셔야 합니다. 또한 從格에 년간 癸水가 사주상의 病이라 했는데 壬午년의 壬水는 病이 아닌가요.

문 乙酉년 건강문제 발생한다고 하셨는데……. 이해가 잘 가지 않아서요…….

답 요는 사주로부터 풀고, 사주에 의한 대운이며, 대운에 의한 년운을 보는 것으로서, 이 분은 從官格입니다. 특히 사주상에 根이 없는 辛金에게 있어서 제일 나쁜 것 중에 하나가 바로 자신의 힘이 강해지는 것입니다. 辛金이 大運에서 辛酉로 넘어오니 월지 巳火를 巳酉 合金하면서 강력히 자기 주장을 하자고 하느니, 地支로 亥卯未와 巳酉丑이 한판 하게 됩니다. 그런 중에 다시 乙酉년이 오게 되면 강력한 沖이 일어나며, 金이 病이니 金에 의한 病이 발생하게 되고, 년운에서 丑年이 오면 亥卯未 三合과 巳酉丑 三合이 충돌하니, 이는 命을 다하게 된다고 철현히 강력히! 강력히! 주장하는 바입니다.

문 從格으로 가면 용신인 묘목을 충해서…….
저는 또 머리가 도네요…….

답 돌다 보면 다 됩니다.

문 從殺이 맞을 겁니다……. 제가 이해를 못해서 그렇지요…….

답 돌다 보면 다 됩니다.

문 이 분은 작년에 어머니가 병원에 입원했고, 형제 중 제일 문제가 많고, 형제 부모덕이 없으며, 초년에 잘 살다가 지금은 힘들게 사니…….

답 돌다 보면 다 되는 겁니다.

문 그럼 이 분은 무얼하고 살면 좋은지요? 장사 운은…?

답 大運이 나쁘게 흘러가는 접목운에 들어와 있습니다. 내년부터 갑자기 風波가 들어와 겹치며, 대혼란 속으로 빠져 들것이네요. 경험상으로 보면 운이 이토록 나쁘게 들어 올 때는 어떠한 조언도 잘 통하지 않더군요……. 水가 사주에 病인데 金 大運에 들어오니 강력한 金水가 木火와 相戰을 하는데,

中和를 시켜줄 수 있는 것은 土가 하나 남아 있고, 金의 生을 받은 水와 火가 相戰을 한다면 木이 通關이 됩니다. 木에 해당하는 옷장사, 책장사나 水生木 木生火하는 불고기집 등이 좋겠죠.

음력 : 1963년 10월 06일 평달
時 日 月 年 연하남편

(병)丁 戊 癸 癸
(진)巳 辰 亥 卯

乙 丙 丁 戊 己 庚 辛 壬
卯 辰 巳 午 未 申 酉 戌
74 64 54 44 34 24 14 4

몰러 몰러! 걍!~~~~ 戊土가 癸水를 雙으로 合하고 있지 않나요?

걍!~~~ 日干과 가까운 癸水는 마누라고, 멀리 있는 것은 妾인겨. 月日支는 辰亥 원진살, 귀문관살입니다. 이것은 무슨 이야기냐 하면, 쉽게 이야기해서 일지는 특히 부인궁으로 부인은 정신병을 조금 앓아야 하고, 해괴망측한 꼴을 많이 봐야 한다.

원진은 눈 흘기고 살아야 하니 많이 미워한다는 뜻이기도 하죠. 년지 癸水와 월지 癸수가 地支로 亥卯合하여 다정하게 지내며 동서해야 하겠네요. 아무튼 쉽게 이야기해서 妬合된 사주는 바람을 피워야 맞지 않나요?

답 戊土 일간이 亥월에 태어나고 偏財格에 年 月干에 癸水가 월지에 根을 두고 雙으로 투출하니 正偏財 混雜격. '混雜은 制하여 간다'라고 하였기에 강력한 癸수를 制하여 가야 하는데, 時上에 丁火나 丙火만이 있을 뿐 己土가 없다. 파격! 투합을 잡아주지 못하니 파격이 됩니다. 겨울 戊土가 조후가 필요하니 火가 用이고, 木이 희신이 되니 이 사주가 格 따로, 用神 따로, 일간 따로인 완전 따로 국밥 사주입니다.

문 올해 辛巳년은 丁辛극하고 傷官 년도이고 문서문제, 사업상 문제 발생하고, 巳亥충 되니 여자, 돈 문제, 이사 이전 문제 발생하고……. 내년 壬午년 丁壬목 관재구설이며……. 午화는 어찌 풀어야 하는지요?

답 壬水는 偏財, 午火는 文書. 처음은 損財이고, 후반은 점차 좋아진다. 주위 도와주는 사람들의 힘에 의하여 윗사람 상사 등등…….

문 또 내년은 戊癸합이 풀리니 正偏財 混雜이 발생하게 되는데, 사업 등은 어찌되는지요?

답 님의 말마따나 合이 풀리고 偏財운이 오니, 두 마리 토끼 잡으려고 힘들어해야 하지 않나요? 財가 사주상에 病이 된 입장에는 결코 '좋다'라고 말씀드릴 수가 없군요.

문 癸未년은 다시 戊癸합해서 혼잡은 제거되나, 大運과 亥卯未합 木이 되니 이 또한 어찌 해석해야 하는지요?

답 火가 용신이고, 木이 희신이 되니 주위의 많은 사람들과 교류가 이루어지며, 官의 도움이 있다라고 볼 수가 있군요.

문 甲申. 乙酉년 木은 戊土를 극하고 金은 설기하니 이는 어떤 의미가 되는지요?

답 민둥산에 甲乙 木은 좋지 않나요? 단, 地支 金은 자갈밭으로 만드는군요. 즉 水生木, 木生火, 火生土에 木은 用이 되어 좋다고 봅니다.

문 두 여인과 이혼수는 없는지요?

답 이미 女命의 大運이 이혼의 길로 몰고 가고 있군요. 남자는 대운이 나쁘지 않고, 여자 분은 운이 나쁘니, 즉 따로 국밥이 되는군요.

문 이 사람 사주 속에 저희가 알고 싶은 숨은 통변이 무궁무진하지 않나 생각이 들어서 자세히, 소상히 말씀드리는 겁니다……. ^.^

음력 : 1957년 11월 23일 평달
時 日 月 年 坤 새애인 45살

丙 己 癸 丁
寅 丑 丑 酉

辛 庚 己 戊 丁 丙 乙 甲
酉 申 未 午 巳 辰 卯 寅
78 68 58 48 38 28 18 8

걍!~~간단히 이야기하자면 丑월의 己土가 조후가 필요하고, 시지 寅木에 生을 받은 丙火가 한랭한 기토를 따뜻하게 하여 주므로 대운이 잘 흘러가고 있군요.

身旺 사주입니다.

월지와 일지에 丑토 둘에 시간 丙火, 년간의 丁火는 丁癸극으로 무시하고, 그러나 조금 문제가 있습니다. 왠가! 大運이 丁巳대운으로 巳酉丑 三合의 강력한 金局이 형성되니 신왕이 신약으로 돌변하고, 시지 寅木의 生을 받은 丙火가 己토 일간을 지켜주는 입장으로 중화를 이루어 있는 것입니다.

그런데 辛巳년에 辛金이 년간의 丁火와 丁辛극, 시간 丙화는 丙辛合水, 지지 巳火는 巳酉丑 三合에 가담하고 大運과도 丁辛剋되니 잘 나가던 己土가 갑자기 불 꺼진 창이 되어 버린 겁니다.

불 꺼진 己土가 理性을 잃어버리고 만 것이죠. 즉, 승격이 파격이 된다. 그러니 파격답게 행동을 해야 되는 거죠.

문 이 분은 저한테 많이 혼나고 있습니다…….

답 님이 염라대왕이라도 되나요? 다 팔자소관이죠! 역술가는 사주팔자 대로 봐주면 됩니다. 님이 혼낼 문제는 아니라 봅니다. 주제 파악 ^^

문 제가 알기로는 돈도 좀 물려 있는 입장입니다……. 회수가 가능한지요?

답 壬午에 다소 癸未년에 가능하리라 보여지군요.

문 이 분이 47살이나 돼야 외도는 정리되지 않겠는지요? 대운보니 무오대운이나 안정을…….

답 맞죠 맞죠. ^^

문 바보 같은 여인이라 측은하기도 하네요!…….

답 맞죠 맞죠. ^^

0 丙 丙 乙 47살 위분 본남편
0 寅 戌 未

58 48 38 28 18 8
庚 辛 壬 癸 甲 乙
辰 巳 午 未 申 酉

캬!~~~ 정말 역술가 재미있다. 사실 밝은 태양님이 사주를 한 번에 네 개씩이나 내어놓고 혼자 우짜고 저짜고 하는데 철현이 머리가 조금 나쁜 탓에 도통 무슨 이야기를 하는지 이해가 되질 않더란 말씀이야!

그래서 에고!~~ 몰것다 걍! 하나씩 풀어가다 보면 무엇인가 감이 오겠지 했지요. 정말 사주팔자를 님들이 봐도 멋지지 않나요? 왜!~~ 하필이면 丙火가 雙으로 나란히 있는가 이 말씀이야. 쉽게 이야기해서 丙火의 부인은 누군가요? 辛금이지요. 辛金은 丙화와 合이 된다고 하죠.

아니, 위의 남자는 財가 둘이서 나란히 정답게 한 가게에서 손잡고 동서 하면서 같이 지낸다고 사주가 짜여졌는데, 이 양반의 사주는 財가 투합을 하면서 내 마누라는 위에 자리하고 있는 丙火와 동시에 합을 하면서 두 남자를 동서로 만들어 버리고 말잖아요.

그 여자도 올해 辛巳년에 월 丙火와 일주 丙火를 함께 丙辛合함으로 인하여 갑자기 남편이 둘이 되고 동서가 새로 생겨나고, 그러나 丙辛합은 사실상 나중에 丙辛合水로 變하여 財가 官으로 나타나게 되니 결국 관제구설이 성립하게 되고, 두 가정 정말 복잡하게 되는군요.

문 현재 이 분은 사업을 하고 있습니다…….
자세한 것은 잘 모릅니다…….
농사와 관련된 사업한다는 말만 들었습니다…….

문 처가 외도하는 줄 모르고 있습니다…….

답 내년이면 자연히 다 알게 됩니다. 걱정을 할 필요가 없습니다. 내년에 丙壬剋이 되고, 午火는 같은 火이면서 午중 丙己丁으로 丙火와 丁火가 함께 아니 동서끼리 壬水 法庭에 가서 개망신을 당하게 되어 있습니다.

문 丁酉년생의 남편입니다…….
희용신을 을목으로 봐야 하는지요? 희신은……?

답 木이 用이면 水가 희신이 아닌가요?

문 辛巳대운으로 접어드는 내년부턴 이 분의 운세가 어찌 되는지요? 이 분이 새 장가 가는 겁니까? 아니면…….

답 木이 用이며, 水가 喜신, 金은 忌신, 土는 仇신으로 봤을 때 辛巳대운은 결코 좋은 운이 아니라 보여지며, 특히 丙辛 투합이 좋지 못하다고 봅니다.

문 辛巳대운을 어찌 풀어야 하는지요? ^.^

답 辛운은 새로운 사업의 변화 등등으로 凶으로 작용하고, 巳운에 다소 호전된다고 볼 수가 있군요. 돈과 여자를 같이 보며, 특히 다소의 돈보다도 자기 부인을 잃어버린 입장에서 더 할 이야기가 있나요?

27. 남편 사업 때문에 고민

庚 丁 丁 庚 (32살)
子 酉 亥 戌

62 52 42 32 22 12 2
庚 辛 壬 癸 甲 乙 丙
辰 巳 午 未 申 酉 戌

丁火 일간이 亥월에 태어나고, 월지 장간에서 천간 투출이 없으므로 월지에서 格을 잡아 正官格, 시지에 子수가 格을 떨어뜨리므로 正偏官 混雜격.

문 저는 공무원 생활을 10년째 하고 있습니다. 현재 제 인생이 엉망이 되어 버린 것 같아 궁금해집니다.

답 팔자에 水가 忌神이 되니 결혼하는 순간부터 인생이 엉망이 된 것이죠. 그러나 팔자이거니 하고 살아 주세요.

문 남편은 사업(철골사업)을 하는데, 남편의 사업 때문에 제 인생까지도 불확실해 보입니다.

답 남편이 철골사업하신다고 하셨나요? 그러면 남편의 용신이 金이 됩니다. 조금 있다가 남편 사주를 풀 때 보면 아시게 될 겁니다.

문 저희 부부의 궁합은 별 문제가 없는지요?

답 궁합 따질 것 없이 지금 살고 계시듯 그냥 살아가시는 겁니다.

문 남편의 직업은 가능성이 있는지요?

답 남편의 사업을 운운하기 이전에 癸未대운의 癸水는 완전히 불 꺼진 창이 된 것입니다.

문 경제적인 곤란은 언제쯤 풀릴지? 아이들에게는 미안하지만 날마다 이혼이 머리 속에서 떠나질 않습니다.

답 이 일을 어쩌나…… 이미 처녀로 돌아가지 못하고 다시 인생을 되돌릴 수 없듯이 뒤엉켜 버린 겨. 이혼을 하나 하지 않으나, 이러나저러나 매 한가지입니다. 모두 팔자소관이니 자식을 봐서라도 참고 사셔야 합니다.

문 경제적인 문제로 결혼생활도 순조롭지 못하고, 남편에 대한 믿음도 깨진지 오래고, 성격도 저와는 맞지 않고, 이해하기 어렵습니다. 그리고 제 성격은 남자 성격하고는 거리가 멀고, 감성적이기 보다는 이성적이며, 사람을 쉽게 사귀지는 못하지만 한번 사귀면 오랜 동안 잘 지내는 편입니다

답 그러니 참고 사셔야 합니다. 신약이니 당연한 겁니다.

문 남편의 사업 때문에 97년부터 부도, 사기 등으로 빚에 치어서 정신적으로도 여유를 못 찾고 있는 실정입니다. 그리고 이로 인해 현재 제 신분상에도 조치가 가해져 있어 직장생활 자체도 영향이 있어 이러지도 저러지도 못하고 있습니다.

답 이미 남편의 운이 乙亥대운으로 들어오면서 시작된 일이로군요.

문 솔직히 말하자면 모든 게 남편의 사업 때문에 이렇게 힘듭니다. 언제나 좀 나아질런지요? 아니면 평생 이럴 건지요?…….

답 말 못혀! 정말 말하기 싫구먼요. 우야노!

음력 : 1965년 02월 10일
時 日 月 年 乾 37살 신랑님

壬 乙 己 乙
午 丑 卯 巳

辛 壬 癸 甲 乙 丙 丁 戊
未 申 酉 戌 亥 子 丑 寅
72 62 52 42 32 22 12 2

乙木 일간이 卯月에 태어나고, 월지 장간에서 乙木이 년간에 투출하야 건록격. 건록격에 용신을 뭘로 하는가요?

조후로 본다. 당연히 丙火지 무얼 더 물어 보고 하남요? 맞죠 맞죠! 맞는겨. 그런데 앞에서는 金이 용신이라고 했던가요?

님들 조금 이상하지 않나요? 건록격에 丙火면 食神生財로 좋지 않나요? 그리고 자연론으로 보아도 2월 乙木은 丙火를 쓴다고 되어 있고요.

실제 사주는 천차만별인 것으로서, 이것도 저것도 안 되는 경우가 있습니다.

어떤 경우인가? 고서(古書)에 귀격의 표본으로 나온 사주 모양이면 정말 좋은 사주이고, 표본에서 빠지면 점차 격이 떨어진다고 보시면 되는 겁니다.

그런데 이 사주는 도대체 어쨌다는 것인가요? 그렇습니다. 이 사주는 조후도 억부도 통하지 않는 사주입니다. 문제가 뭐냐하면 건록인 卯木 위에 己土가 앉아 있다는 것과 년간의 乙木이 乙己극하여 財를 분탈한다는 것입니다.

이런 경우에는 조후도 억부도 안 되는 겁니다. 오직 病藥만이 통하는 것입니다. 病이 重하면 藥을 구해야 하는 것이죠. 그런데 乙木을 制할 庚辛 金을 찾으니 일지인 丑중 장간 辛금으로 숨어 있으니 어디다 쓰겠나요.

乙亥대운 들어오면서 乙木이 己토를 못살게 구는군요. 亥수는 亥卯 合木하여 木을 부추기고 있고요. 아마 년운으로는 97년쯤 되었을 것으로 보이는데…….

앞으로 언제쯤 좋아질까? 철현은 甲戌대운도 장담을 할 수가 없네요. 甲戌 대신 庚申대운이 와 준다면 또 몰라도…….

28. 의상 디자인이 나아 보이는데요?

질 문

대학교를 진학하려구 해요. 과는 의류 쪽으로 가고 싶은데, 생활과학 '의상 디자인' 아니면 '귀금속 디자인' 쪽으로 가고 싶습니다. 수능은 너무 못 봤어요. 7등급 나왔어요. 자연계(이과)이고요.

어떻게 해야 할지요?

음력 : 1983년 09월 20일 양력 : 1983년 10월 25일
時 日 月 年 坤 19살

己 丙 壬 癸
亥 戌 戌 亥

庚 己 戊 丁 丙 乙 甲 癸
午 巳 辰 卯 寅 丑 子 亥
74 64 54 44 34 24 14 4

답 변

음력 : 1983년 09월 20일 양력 : 1983년 10월 25일
時 日 月 年 坤 19살

己 丙 壬 癸
亥 戌 戌 亥

庚 己 戊 丁 丙 乙 甲 癸
午 巳 辰 卯 寅 丑 子 亥
74 64 54 44 34 24 14 4

丙火일간이 戌월에 태어나고, 월지 장간에서 천간 투출이 없으므로 월지에서 格을 잡아 食神格. 시간에 己土가 있어 食傷混雜격. 일간인 丙火는 블랙홀에 앉아서 氣를 다 소진하고 있는데 壬癸水가 쌍쌍 파티까지 하고 있네요.

문 "대학교를 진학하려구 해요. 과는 의류 쪽으로 가고 싶은데요?"

답 정말 요즘 학생들은 너무 똑똑하여 역술가에 실상을 물어볼 필요 없이 척척 알아서 자기 因子를 찾아서 가신단 말씀이야. 어쨌든 물어 왔으니 형식적이나마 답을 해야겠구먼. 格用으로 戊己토 혼잡에, 일간 신약에, 木이 용신인데 亥중 장간에 애기 같은 甲木이 있네요. 그래도 木이 用이니 의류 쪽으로 선택하고자 하는 겁니다.

문 "생활과학 '의상 디자인' 아니면 '귀금속 디자인' 쪽으로"

답 의상 디자인, 용신을 정말 잘 찾았습니다. 또 귀금속 디자인은 土水가 상극하고 있는데 通關용으로 역시 좋습니다. 그리고 디자인은 식상이 주도를 하고 있는 것이고요.

문 "수능은 너무 못 봤어요. 7등급 나왔어요. 자연계(이과)이고요. 어떻게 해야 하나요?"

답 어쩌긴 어쩌나요. 甲子대운에 甲목 용신을 시간에 있는 己土가 甲己합토로 묶어 버려 인수의 힘이 미약하여 수능을 못 본 것이 당연하지……. 乙丑대운 24살부터는 乙丑이 시간 己土를 乙己극하여 制하며, 乙木이 일간 丙火를 생하게 되니 인수 디자이너로 명성을 얻고 크게 출세를 할 겁니다. 전화위복이 되니 열심히 하세요. 壬午년의 壬水가 조금 힘들게 하기는 하지만, 지지 午火가 일간 丙火에 뿌리가 되어 주니 무난하게 대학에 들어간다고 봅니다.

29. 천간에 병화가 없어 아쉬운 사주

질 문

지금하고 있는 일은 초등학교에서 컴퓨터 전담교사로 있습니다. 전자계산학과를 졸업했거든요.

올해 봄과 여름 그리고 가을엔 대학교 앞에서 호프집도 운영했었어요. 남자 친구하고 같이…… 그리 성공하진 못했지만 얻은 게 많아 후회는 없습니다. 학교에서 아이들 가르치고, 저녁엔 일 하고 하니까 너무 힘들더라구요.

제 남자 친구는 저와 동갑이에요. 지금 복학 준비중이구요. 제가 알고 싶은 점은 남자 친구와의 앞날이 궁금하기도 하고, 또 저의 미래가 어떤 모습으로 풀릴지 알고 싶어서요.

결혼문제도 언제가 좋은지……. 그렇고 경제적으로도 궁금합니다.

음력 : 1978년 01월 29일 평달
時 日 月 年 坤 24살

壬 戊 乙 戊
戌 辰 卯 午

丁 戊 己 庚 辛 壬 癸 甲
未 申 酉 戌 亥 子 丑 寅
71 61 51 41 31 21 11 1

正官格에 傷官이 없고, 일주도 강하고 身旺 官旺으로 승격사주…… 時에 偏財있고, 壬子대운이 좋은데 庚辰 辛巳 년운으로 호프집을 실패하는지요? 辛亥 庚戌대운에는 어떤 일이 생기는지요? 正偏財 混雜격에 戊土가 있어 승격으로…….

木火運이 길신이지만 寅卯 운은 좋고, 甲乙 운은 문제가 있어 보이는데, 그리고 戊己土 운은…… 이를 어찌 봐야 하는지요?

답 변

음력 : 1978년 01월 29일 평달
時 日 月 年 坤 24살

壬 戊 乙 戊
戌 辰 卯 午

丁 戊 己 庚 辛 壬 癸 甲
未 申 酉 戌 亥 子 丑 寅
71 61 51 41 31 21 11 1

戊土 일간이 卯월에 태어나고, 월지 장간에서 乙木이 월간에 투출하여 正官格. 正格은 順으로 간다고 하였기에 년간 壬수로 生財官하니 승격.

년간 戊土, 年支 午화, 일지 辰土, 시지 戊土로 일간이 약하지 않아 월 正官과 시간 財를 감당할 수가 있으니, 我旺 官旺으로 좋은 사주라 할 수 있다. 조금 아쉬운 점을 이야기하자면 丙火 하나가 천간에 나타나 주고, 壬水의 뿌리가 튼튼하였다면 정말 아름답지 않겠나 하는 점이다.

철현이 조금 욕심을 내어 사주를 이렇게 만들고 싶은데……

壬 戊 乙 丙
子 辰 卯 午

사주가 이렇게 되면 정말 아름다운 사주라 할 수가 있겠는데, 왠가? 정관격은 아주 존귀한 사주로서 官을 잘 보호해야 합니다. 여차 잘못하면 偏官과는 달리 손상을 잘 입게 됩니다. 철현이 사주를 이렇게 척 만들고 나니 이제서야 정관격에 자존심이 팍하게 서게 되는군요.

印旺, 官旺, 我旺, 財旺, 너무 멋지지 않나요. 사실 그보다도 丙火 印綬는 절대적입니다. 왠가? 正官은 偏官과 달리 손상을 입으면 절대로 안 됩니다. 偏官은 손상을 조금 입어야 좋은 것이고요.

왠가? 혹시라도 運에서 食傷이 와서 正官을 괴롭힐 때 사주가 이렇게 생겨 놓으면, 즉 庚金이 와서 乙庚합금 하면서 正官을 傷官으로 만들려고 할 때 즉각 나타나서 丙庚剋을 해버리는 겁니다. 官印相生의 논리는 이렇게 이루어지는 것이죠.

왠가? 正官格엔 필히 인수가 투간해 주어야 합니다.

"아니! 선생님…… 지금 이 사주는 壬水 偏財가 있어서 金이 와도 金生水 水生木 木生火가 되지 않나요?" 맞죠 맞죠! 되는겨. 되겠지…….

그러나 傷官이 正官을 먼저 損傷을 입히고 난 후 시간이 지나가면서 차차로 좋아진다고 볼 수가 있습니다. 이는 즉 말을 바꾸어 보면 病이 난 후에 시간이 지나가면서 치료가 된다고 보면 되는 것이지요.

丙火가 있으니 庚金이 오면 바로 丙庚剋 해버리고, 辛金 傷官이 오면 乙辛剋을 못하게 丙辛합해서 꽉 묶어 버리고, 꽉 짜면 丙辛合水해서 진액이 나오니, 요놈을 財로 化하게 하여 生財官 해버리니 죽여주는 거죠.

문 正官格에 傷官이 없고, 일주도 강하고, 身旺 官旺으로 승격사주…… 시에 편재 있고, 임자대운이 좋은데……. 경진 신사 년운으로 호프집 실패하는지요? 신해 경술 대운은 어떤 일이 생기는지요?

답 이미 철현이 답을 다 드린 겁니다. 예문을 만들어서 이와 같이 庚辰 辛巳년은 말 그대로 망신살, 명예훼손입니다. 아니 젊은 처자가 호프집이라니, 아니 술집을 해! 그것도 지금 나이가 24살인데, 庚辰 辛巳 2년씩이나…… 말도 안 되는 거죠. 庚戌 辛亥대운은 님이 알아서 이야기 하세요. 이제 正官에 印綬가 얼마나 중요한 것인지. 正官 남편이 乙辛극을 받으니 남편이 무능하면 천만다행이고, 아니면 건강상 문제로 내가 벌어서 먹여 살려야 하거나, 아니면 첩을 보고 살아야 하니 남편 때문에 속을 많이 상해야 하거나, 아니면 離婚에 再婚으로…….

음력 : 1978년 11월 04일
時 日 月 年 乾 24살

乙 己 癸 戊
丑 亥 亥 午

辛 庚 己 戊 丁 丙 乙 甲
未 午 巳 辰 卯 寅 丑 子
72 62 52 42 32 22 12 2

己土 일간이 亥월에 태어나고 월지 장간에서 천간 투출은 없으나 癸亥는 干支同으로서 正偏財 混雜격으로 年干 戊土가 양인을 깔고 강하게 투출하여 戊癸合으로 묶어 버리니 正財만 남겨서 승격.

正偏財 混雜격에 戊土가 있어 승격으로 木火運이 吉神이지만 寅卯 운은 좋지만, 甲乙 운은 문제가 있어 보이는데……. 그리고 戊己토 운은 이를 어찌 봐야 하는지요?

님은 지금 무슨 이야기를 하고 있나요? 어째서 木火運이 좋은가요? 己土 일간이 亥月에, 일지 亥水에, 시지 丑土에, 추운 겨울 강변의 논이구만. 겨울에 무슨 木이 좋나요?

철현이 늘 이야기하잖아요. 이럴 때는 丙火라고. 丙火! 丙火가 약하게라도 있다면 木도 좋겠죠.

그러나 年支의 구석에 콕 박혀있는 午火를 木으로 어쩌겠다는 건가요. 시간에 있는 乙木이 콕콕 머리를 치고 있어 신경질이 나고 있는 이 마당에 丙火가 먼저 있고 난 다음에 乙木이 있어야 하는 것이 아닌가요? 丙火가 없으니 乙木이 己土를 콕콕 주먹질하잖아요. 누구 성질 돋우는 건지…….

그나마 대운에서 丙火가 와서 많이 참고 지내고 있는데……. 사실 말이 나서 하는 이야기지만 丁卯대운이 아주 불안하단 말씀이야!

왠고 하니 乙木이 머리를 콕콕 쥐어박는 것을 丁火로 生하여야 하니 乙己剋 할 여가는 별로 없을 것 같은데, 사실 년에 戊癸合으로 破格을 승격으로 만들고 있는 癸수를 丁癸剋해서 戊癸合이 풀려 버리면 正偏財 混雜되니, 이것으로서 승격이 졸지에 파격이 되어 버리니 여자로 인해 골치 아파요. 돈 때문에 골치 아파요. 生財官해서 乙木이 콕콕 주먹질하지요. 성질 나빠지죠. 사실 요즘은 걱정이 많아 잠을 못 잘 정도죠.

문 "지금하고 있는 일은 초등학교에서 컴퓨터 전담교사입니다. 전자계산학과를 졸업했거든요."

답 철현이 말했잖아요. 火, 전기, 컴퓨터 전담해야 합니다. 축중 辛金 꼬맹이들 가르쳐야 하는 거죠. 전자계산학과 돈 욕심이 많지요. 壬水가 겨우 일지 장간에 통근한 정도니 돈에 애착이 많이 갈 것이니 전자계산학과가 된거지요.

문 "올해 봄과 여름 그리고 가을엔 전북대학교 앞에서 호프집도 운영했었어요. 남자 친구하고 같이……. 그리 성공하진 못했지만 얻은 게 많아 후회는 없습니다."

답 因子이기 때문이죠. 다음에 또 할 겁니다. 庚戌 辛亥대운에 남자 친구랑 같이 하게 될 것입니다.

문 "학교에서 아이들 가르치고 저녁엔 일하고 하니까 너무 힘들더라구요. 제 남자 친구는 저와 동갑이에요. 지금 복학 준비 중이구요. 제가 알고 싶은 점은 남자 친구와의 앞날이 궁금하기도 하고, 또 저의 미래가 어떤 모습으로 풀릴지 알고 싶어서요."

답 己土 身弱에 丁癸剋으로 풀려 버리면 正偏財 混雜에 乙木이 뒤통수치니 힘들어 할 것입니다. 아가씨가 먹여 살리면 될 거네요.

문 "결혼문제도 언제가 좋은지……".

답 에고, 남자 친구 졸업이나 해야 하지요. 丙戌년에나 하면 되겠구먼요.

문 "그리고 경제적으로도 궁금합니다."

답 大運이 食傷으로 흘러가니 사회활동을 하여 점차 발전하리라 보여지군요!

[철현학회 학술위원 소개]

철현학회 : 趙 哲 賢 010-4569-4442
http://cafe.daum.net/7tkwn

강동지회 : 尹 銀 淑(智映) 016-234-9438, 02)766-9438
강북지회 : 朴 德 熹
강서지회 : 蘇 恩 觀 02)2661-4361
서초지회 : 鄭 度 眞 011-207-7883

강원지회 : 趙 盛 浩 010-602-2811, 033)378-7770

경남창원 : 金 順 玉 010-9330-6617

대구경북 : 金 範 修(書川) 011-259-7204, 053)252-7204

인천경기 : 金 靈 帝 010-5373-1232, 070-7582-9381

전주호남 : 泰 陽 063)283-2961

충청중부 : 秋 勝 燁 011-549-7407

마산지회 : 심 우 량 010-5654-0377

연구회원 : 李 明 子

불교와 철학의 만남

초판 1쇄 인쇄 2009년 1월 10일
초판 1쇄 발행 2009년 1월 20일

저 자 : 조철현
펴낸이 : 천승배
펴낸곳 : 도서출판 유한문화사

주소 : (157-801) 서울시 강서구 가양동 146-63
전화 : 2668-2055~6
팩스 : 2668-2565
http://www.yuhansa.com
E-mail : yuhansa@paran.com
등록 : 제 5-31호. 1979. 3. 6.

값 14,000 원

ISBN : 978-89-7722-713-2 03150